YOK ARTIK!

YOK ARTIK!

EVRENDEKİ EN ÇILGIN VE AKIL ALMAZ GERÇEKLER

Dan Marshall

hep
kitap

Yok Artık!

Orijinal adı: No Way!

Yazan ve tasarlayan: Dan Marshall
İngilizce aslından çeviren: Sima Özkan
Yayın direktörü: Erdeniz Türkmen
Editör: Bade Baran
Grafik tasarım: Melike Doğan

1. Baskı / Şubat 2024, İstanbul

ISBN 978-605-192-526-4
Sertifika no: 48040

Baskı:
Rumi Matbaa Sanayi ve Ticaret Limited Şirketi
Maltepe Mah. Fazılpaşa Cad. No: 8 Giriş Kat
Topkapı / Zeytinburnu / İstanbul
Tel. (0212) 612 71 72
Sertifika no: 51196

hep kitap
Caferağa Mah. Neşet Ömer Sok.
Aydın İş Merkezi No: 4 Kat: 4
Kadıköy 34710 İstanbul

www.hepkitap.com.tr / info@hepkitap.com.tr

* hep kitap, TEAS Yayıncılık A.Ş.'nin tescilli markasıdır.

Holly, Milly ve Winnie'ye

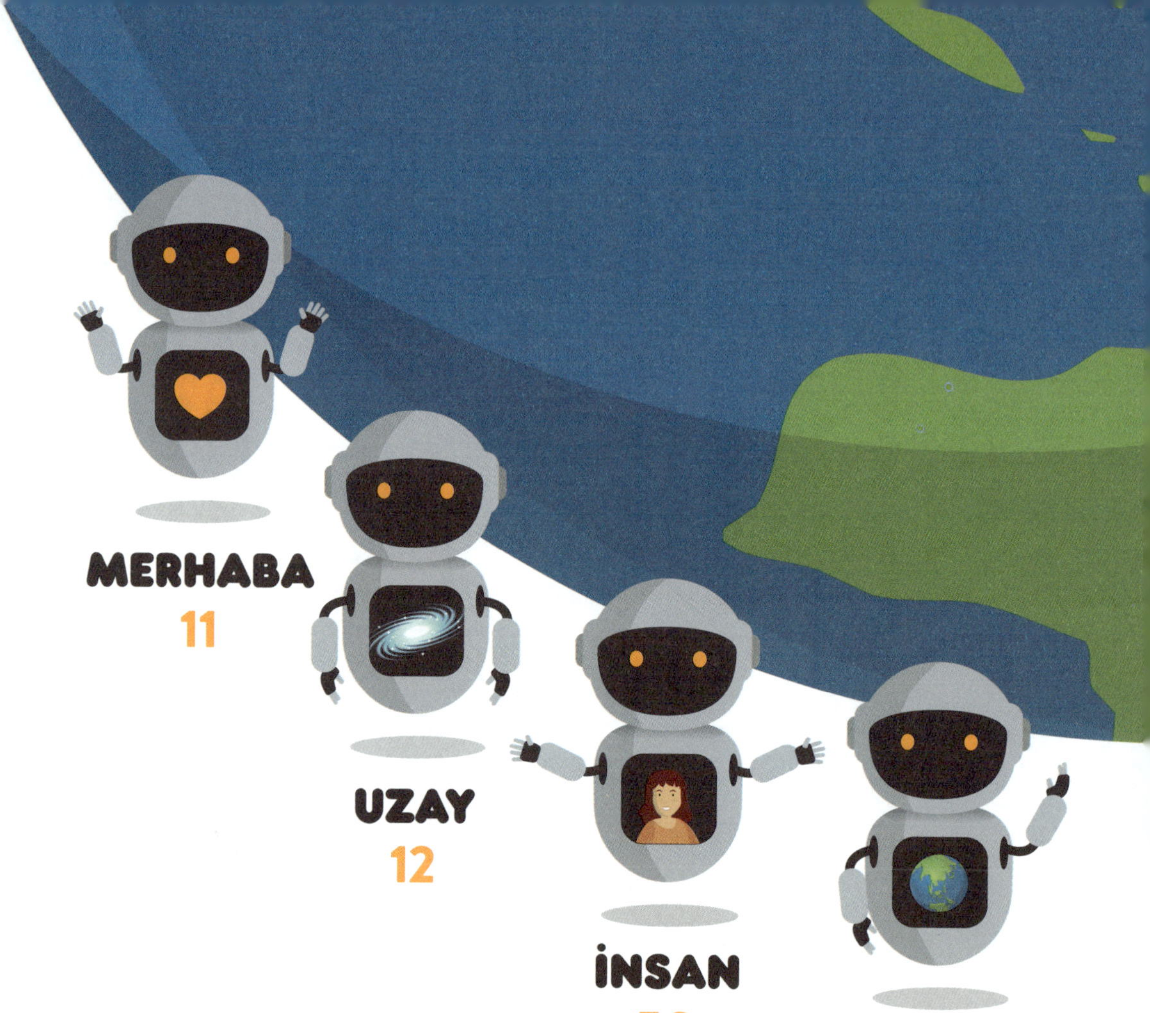

İÇİND

KİLER

Merhaba!

Benim adım **BÖVAS**
(Bilgi Öğrenme ve Anlama Sistemi).

Bu kitapla muhteşem bir keşif yolculuğuna çıkmayı tercih ettiğin için çok heyecanlıyım. Bu yolculuğa bayılacaksın; bense tüm bu süreçte yanı başında olacağım.

Bu kitabın sayfaları öyle hayret verici bilimsel gerçeklerle dolu ki seninle paylaşmak için sabırsızlanıyorum. Öğrendiklerini sonrasında sen de başkalarıyla paylaşabilirsin. Neticede paylaşmak, önemsemek demektir. Sence de öyle değil mi?

Bu kitabın sayfalarında kaç defa karşına çıkacağımı saymaya var mısın? Doğru cevabı kitabın sonunda açıklayacağım. Kulağa eğlenceli geliyor olmalı. Ne dersin?

Şahane! Hadi o zaman, çevir sayfaları!

AY

SAMANYOLU GALAKSİSİ NEREDEYSE EVRENİN KENDİSİYLE AYNI YAŞTADIR

Evimiz olarak bildiğimiz bu sarmal galaksi, yani Samanyolu çok ama çok yaşlıdır. Öyle ki evrenin kendisiyle hemen hemen aynı yaştadır. Evren **13,8 milyar** yaşındadır; Samanyolu'muz da aşağı yukarı **800 milyar** yıl daha gençtir. Yani yaklaşık **13,6 milyar** yıldır varlığını sürdürmektedir. Yuvamız Dünya'ya ev sahipliği yapar. Galaksimizin çapı **100.000** ışık yılı kadar büyüktür. Bu yaklaşık **1.000.000.000.000.000.000** kilometre eder!

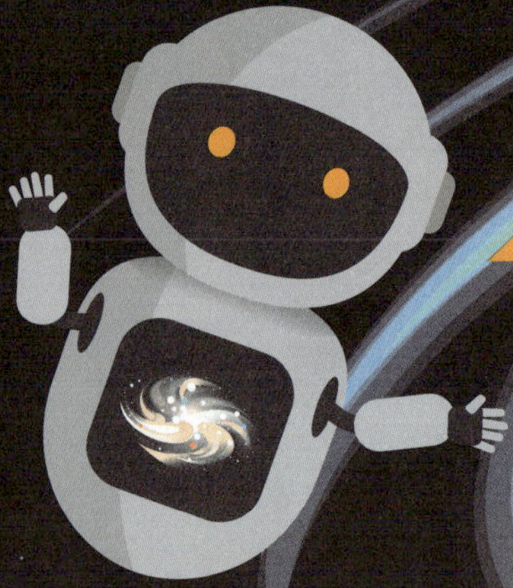

Bir **trilyonun** ne kadar çok olduğunu kafanda canlandırmak için bir dakikanı ayır. **1'in** arkasından gelen **12 sıfır** söz konusudur: **1.000.000.000.000.**

Kavanozun içindeysen etiketini okuyamazsın

Samanyolu'na dair gördüğün tüm fotoğraflar, bu sayfadaki de dâhil olmak üzere, aslında gerçeğini yansıtmaz. Çünkü biz Samanyolu'nun içindeyiz, yani yukarıdan bakıp onun herhangi bir fotoğrafını çekemeyiz. Bu tıpkı, yatak odanın içinden kendi evinin fotoğrafını çekmeye çalışmak gibidir.

Açgözlü bir canavar

Sen onun hoş göründüğüne bakma, vahşi bir canavardır o! İştahlı mı iştahlıdır; çok yakınından daha küçük bir galaksi geçecek olursa onu parçalarına ayırır ve tüm yıldızlarıyla gazını mideye indirir. GARK!

400 MİLYARDAN FAZLA YILDIZA SAHİPTİR

Eğer geceleyin gökyüzüne bakarsan, Dünya'nın herhangi bir noktasından görebileceğin en fazla yıldız sayısı **2.500**'dür. Ancak Samanyolu'nda aslında **100** ila **400 milyar** kadar yıldız vardır. Kulağa çok fazla gibi gelebilir ama diğer büyük galaksilerdeki yıldız sayısı bir trilyon kadar olabilir. Bildiğimiz en büyük galaksinin **100 trilyondan** fazla yıldızı var. Yok artık!

SAMANYOLU GALAKSİSİ'NİN MERKEZİNDE GÜNEŞ'İMİZİN DÖRT MİLYON KATI KÜTLEYE SAHİP BİR KARA DELİK VARDIR

Kara delik, yerçekiminin çok güçlü olduğu, öyle ki etrafındaki tüm maddeleri içine çeken bir uzay bölgesidir. Yerçekimsel hareketlerinin gücüyle hiçbir şey, hatta ışık bile kendisinden kaçamaz. Samanyolu'nun merkezindeki kara delik, âdeta bir yerçekimi canavarıdır; öyle kocamandır ki **süper kütleli kara delik** olarak adlandırılır. Hiçbir ışık bir kara delikten kaçamayacağı için bu mega kara deliği görmek imkânsızdır. Ancak maddenin, kendisinin çok yakınlarında seyreden yıldızlar tarafından emildiğini görebiliriz.

Bir sürüüüüü kara delik

Sayılamayacak kadar çok kara delik vardır. Samanyolu Galaksisi'nin **100 milyonun** üzerinde **kara deliğe** ev sahipliği yaptığını düşünüyoruz. Tam ortasındaysa bir süper büyük kütleli kara delik var. Evrende **200 milyar** ile **2 trilyon** arasında başka galaksi varken hepsini saymak imkânsızdır.

Tuhaf bilim

Kara deliklerin etrafında işler oldukça garipleşebilir; yalnız yerçekimsel hareketleri onları görünmez kıldığından değil, ayrıca zamanı *yavaşlatabilecek* kadar güçlü oldukları için! Bir kara deliğin yakınında bulunacak kadar talihsiz olsaydın, etrafını saran uzay ve zaman çarpıklaştıkça fizik yasaları çılgına dönerdi.

Bir kara deliği 2019'da ilk kez fotoğrafladığımızda âdeta tarih yazıldı! Yani, sayılır. Bu kozmik canavarları göremesek de sınırlarını görebiliriz. Buna **olay ufku** denir ve bu çizginin ötesinde görüşümüz tamamen kaybolur.

Tüm şekiller ve boyutlar

Dört farklı boyutta kara delik vardır: **minyatür, yıldızsal, orta kütleli** ve **süper kütleli.** Süper kütleli ve yıldızsal kara deliklerin kökenleri hâlâ gizemini koruyor. Ancak orta kütleli kara deliklerin, bir yıldız öldüğünde, süpernovaya dönüştüğünde ve sonra kendi içine çöktüğünde oluştuğunu biliyoruz.

Minyatür: Bunlar teoriktir ve bilim insanları, evren henüz çok ama çok gençken oluşmuş olabileceklerine inanıyorlar.

Yıldızsal: Bunlar en yaygın kara delik türüdür ve yıldızların, yaşamlarının sonunda çökmesiyle oluşur.

Orta kütleli: Bunlar yine teorik, kozmik orta sıkletteki kara deliklerdir ve Güneş'in kütlesinin yüz ila bir milyon katı arasında oldukları düşünülmektedir.

Süper kütleli: Galaksilerin merkezindeki bu kara delikler, Güneş'ten milyonlar ve milyarlarca fazla kütleye sahiptir.

AVUSTRALYADAKİ İNSANLAR AY'I BAŞ AŞAĞI GÖRÜR

Dünya'nın neresinde olursa olsun, gezegendeki herkes Ay'ın hep aynı yüzünü görür. Bu, Ay'ın kendi ekseninde dönme süresiyle Dünya etrafında dönme süresi aynı olduğu içindir. Dünyanın her yerinde ayın aynı yüzünü görsek de Güney Yarımküre'de yaşıyorsan, Kuzey Yarımküre'de yaşayan birine kıyasla Ay'ı baş aşağı görürsün.

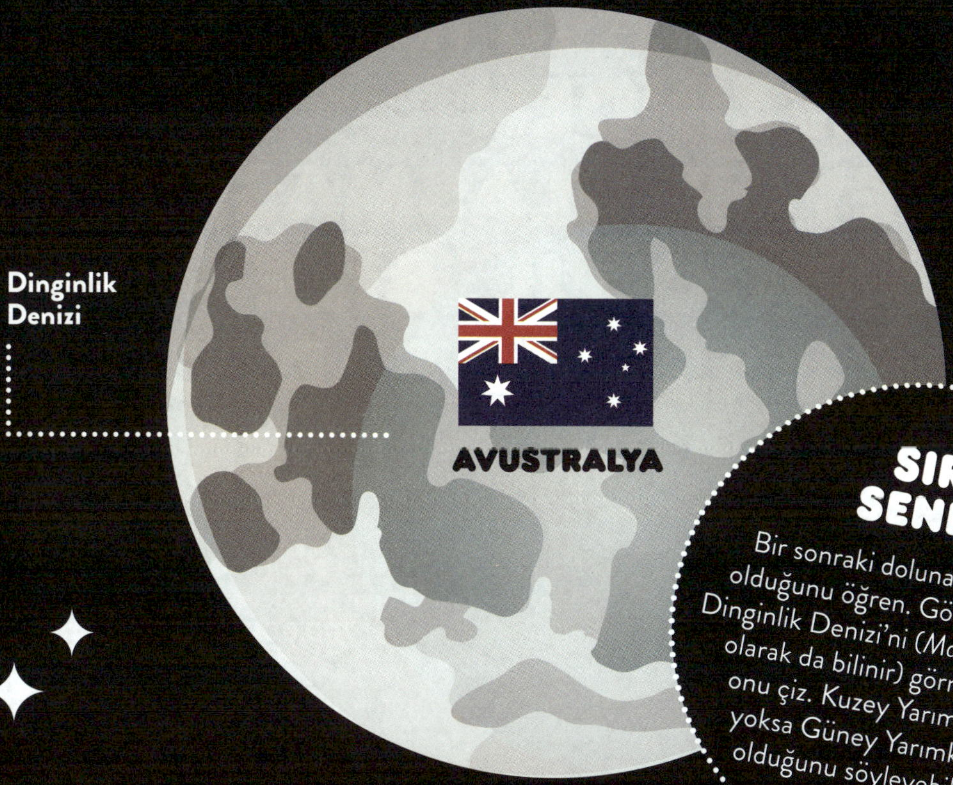

SIRA SENDE!

Bir sonraki dolunayın ne zaman olduğunu öğren. Gökyüzüne bakıp Dinginlik Denizi'ni (*Mare Tranquillitatis* olarak da bilinir) görmeye çalış ve onu çiz. Kuzey Yarımküre'de mi yoksa Güney Yarımküre'de mi olduğunu söyleyebilir misin?

Kuzey Yarımküre'deki insanlar Ay'ı bu şekilde görür:

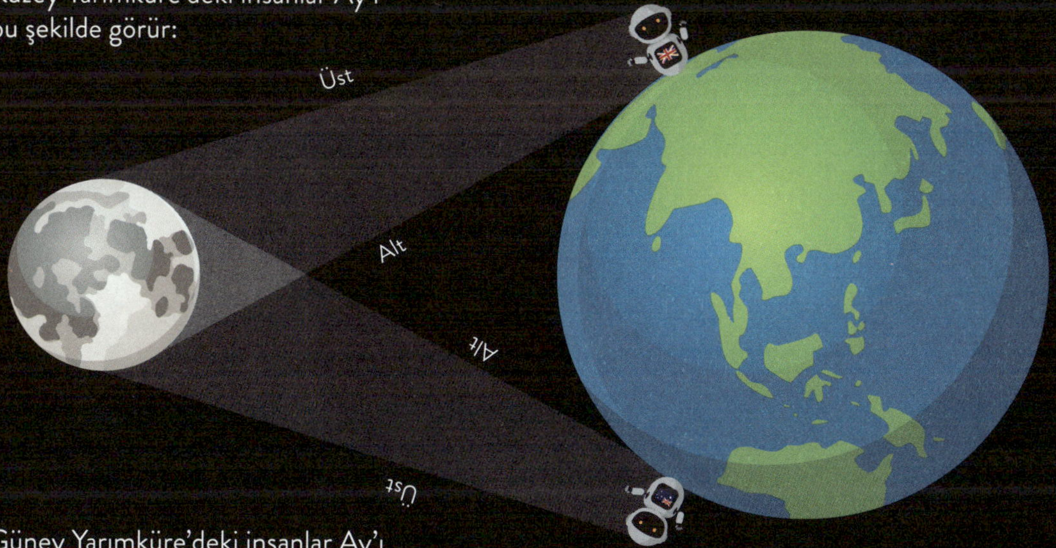

Güney Yarımküre'deki insanlar Ay'ı bu şekilde görür:

IŞIĞIN GÜNEŞ'İN MERKEZİNDEN YÜZEYİNE ULAŞMASI 200.000 YIL, BİZE ULAŞMASIYSA SADECE SEKİZ DAKİKA SÜRER

Dünya üzerinde gördüğümüz güneş ışığı, aslında Güneş'in geçmişteki görüntüsüdür; yani tam olarak **8 dakika** önceki hali. Güneş'ten Dünya'ya olan bu 8 dakikalık yolculuk uzun görünebilir ancak ışığın, Güneş'in çekirdeğinden yüzeyine çıkması için gereken **200.000 yıla** kıyasla hiçbir şeydir. Güneş'in çekirdeğinde tüm atomlar birbirine sıkıca kenetlenmiştir; bu, yüzeye çıkabilmelerini neredeyse imkânsız hale getirir! **700.000 kilometrelik** dev yarıçapıyla Güneş inanılmaz büyüktür. İçinde, güneş ışığı onlarca farklı yönde seker; sonunda serbest kalır, uzayda hızla ilerler ve bize, Dünya'ya doğru yolculuğunu tamamlar.

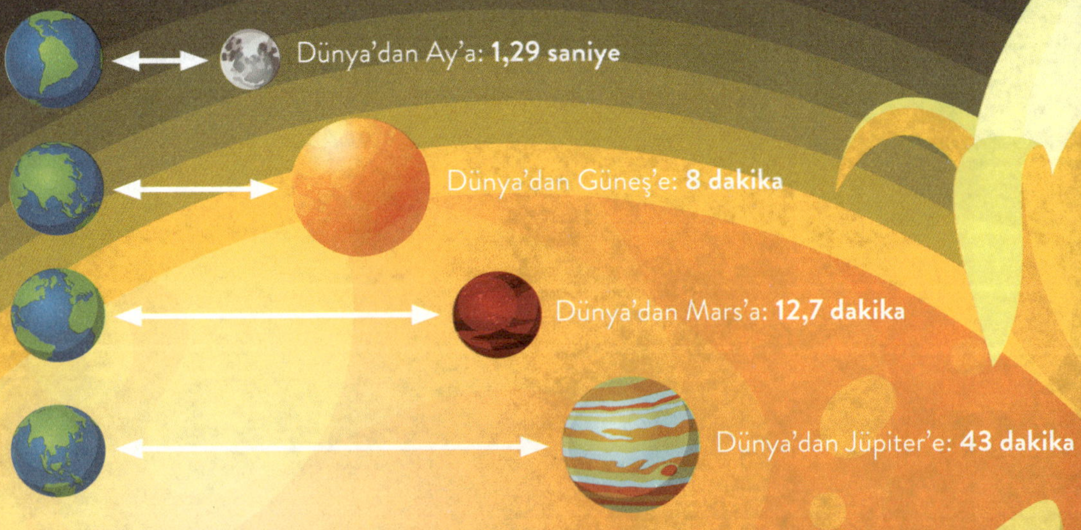

Güneş kademeli olarak ışıldayıp genişlediği için bir gün Dünya'yı soğurup yok edecektir. Ancak paniğe gerek yok! Geçtiğimiz **4 milyar yılda** Güneş sadece yaklaşık **%20** oranında genişledi. Yani işler kızışmadan önce hâlâ birkaç milyar yılımız var. Neyse ki!

Kozmik hız sınırı

Kozmik hız sınırından haberdar mısın? Bildiğimiz hiçbir şey, uzay boşluğundaki ışık hızından, yani **saniyede 300.000 kilometreden** daha hızlı yol alamaz!

Dünya çarpı bir milyon

Güneş o kadar büyüktür ki Güneş Sistemi'nin tüm kütlesinin **%99,86**'sını işgal eder; yani içine **1 milyon** tane Dünya sığabilecek büyüklüktedir!

Pek de serinletici olmayan muzlar

Güneş'in merkezi **15 milyon santigrat** derecedir; ama muzdan meydana gelseydi bile aynı derecede sıcak olurdu! Güneş çok sıcaktır çünkü çekirdeğinde çok fazla sıkışmış kütleye sahiptir. Bu sıcaklık derecesinde tüm kütle, plazmaya dönüşür. Dolayısıyla bu kütle her şeyden oluşabilir (muzdan bile!) ve aynı derecede sıcak olabilir.

Işık hızı

Işık hızıyla seyahat edebilseydin, sadece tek bir saniyede Dünya'nın etrafını yedi buçuk defa dolanabilirdin. Vay be!

NASA'NIN UZAY MEKİKLERİ DÜNYA'NIN İLK YENİDEN KULLANILABİLİR UZAY GEMİLERİDİR

NASA'nın 1981-2011 uzay mekikleri, şimdiye dek inşa edilen en ağır ve pahalı planörlerdi; tıpkı bir roket gibi Dünya'dan havalanıp eve bir planör gibi döndüler. **30 yıllık programın** tahmini toplam bütçesi astronomik boyutlardaydı: **209 milyar dolar.** Bu süre boyunca **5 uzay mekiği** görevdeydi, yani mekik başına düşen maliyet yaklaşık olarak **42 milyar dolardır.**

En ağır uzay mekiği yörüngesi olan **Columbia 80.700 kilogramdır,** yani yaklaşık **13 Afrika filiyle** aynı ağırlıktadır. **135 fırlatma** boyunca uzay mekikleri, uydular gibi büyük yükleri uzaya taşıdı. Mekiklerin en büyük katkıları, bugün yörüngede bulunan Uluslararası Uzay İstasyonu'nu (UUİ) inşa etmeye yardımcı olan astronotları ve maddeleri taşımaktı.

28.000

Dünya'nın yörüngesinde seyahat eden uzay mekiğinin saatteki hızının kilometre cinsinden değeri. Bu hızda, mürettebat her **45 dakikada** güzel bir gün doğumu ya da nefes kesici bir gün batımı görebilir.

355

Uzay mekiğinde uçan astronotların ve kozmonotların sayısı. Bunlar **16 farklı ülkeden 306 erkek** ve **49 kadındı.**

20.952

5 uzay mekiğinin tamamladığı toplam Dünya yörüngesi sayısı.

827 MİLYON

5 Uzay mekiğinin uçtuğu toplam kilometre sayısı. Bu, Dünya'yla Jüpiter arasındaki mesafeden fazladır!

198.729

Uzay mekiklerinin uzayda geçirdikleri toplam saat.

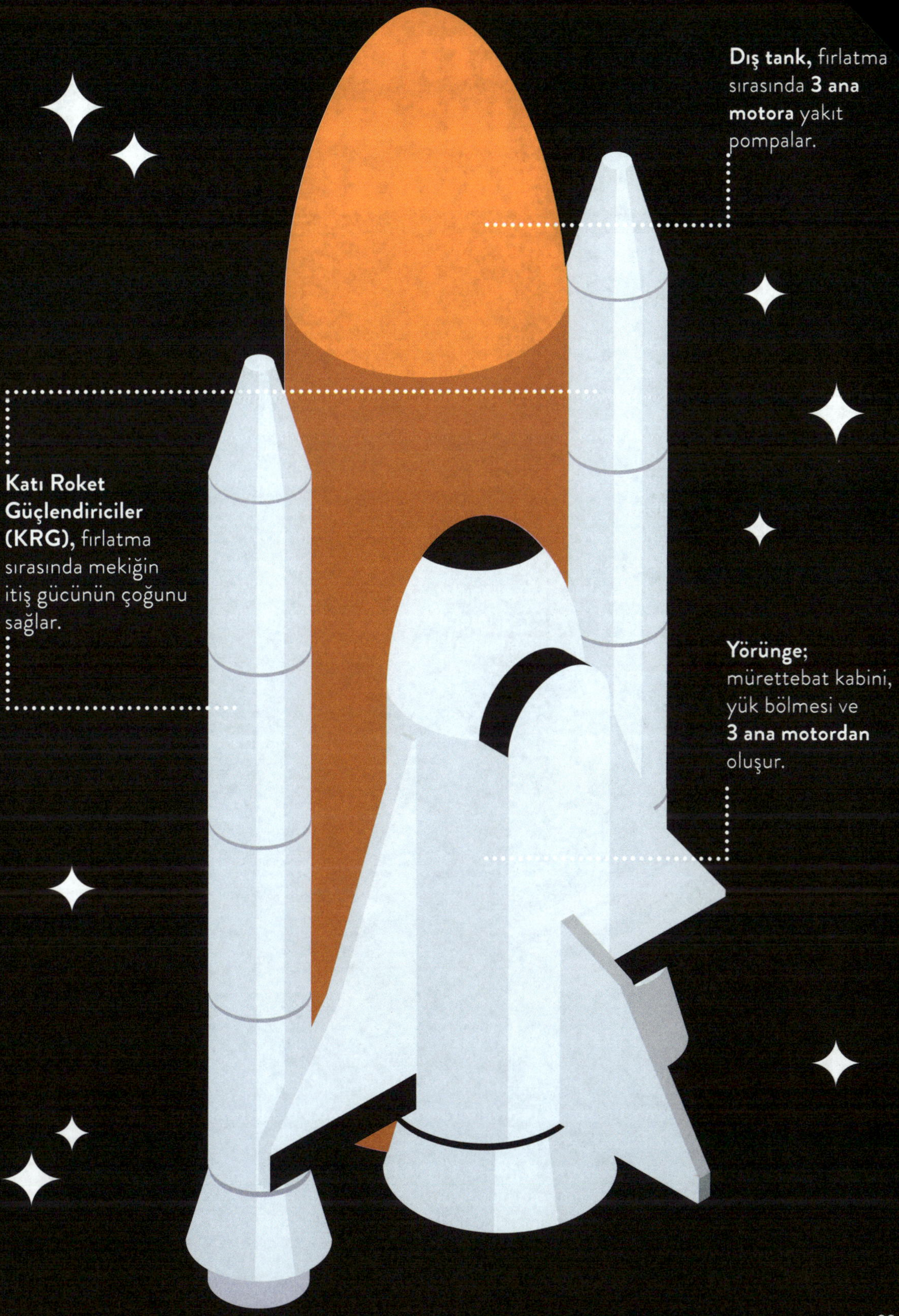
Dış tank, fırlatma sırasında **3 ana motora** yakıt pompalar.
Katı Roket Güçlendiriciler (KRG), fırlatma sırasında mekiğin itiş gücünün çoğunu sağlar.
Yörünge; mürettebat kabini, yük bölmesi ve **3 ana motordan** oluşur.

…YDAKİ ASTRONOTLAR, DÜNYADAKİ İNSANLARDAN ÇOK DAHA YAVAŞ YAŞLANIR

Uluslararası Uzay İstasyonu'ndaki (UUİ) astronotlar, **saatte 27.580 kilometre** gibi inanılmaz bir hızla Dünya'nın yörüngesinde döner. Ne kadar çabuk hareket edip hızlanırsan, zamanın da bir o kadar yavaşladığını biliyor muydun? Kesinlikle akıllara durgunluk veren bir olay; ama bu konuya ilerleyen sayfalarda değineceğiz. UUİ'de **altı ay** yaşadıktan sonra geri dönecek her astronot, Dünya üzerindeki bizden **0,007 saniye daha yavaş** yaş alacaktır. Bu inanılmaz etkiye **zaman genişlemesi** denir.

Bu uzay maceraperestleri şu an *teknik olarak* daha genç olabilirler ama aslında vücutları, Dünya'nın etrafında dönerken yaşlanma sürecini hızla ileri sarılmış gibi deneyimler. Yerçekimi eksikliğinden kaslarıyla kemikleri güç ve kütle kaybeder. Bunun için mümkün olduğunca özel egzersiz aletleri kullanırlar. Uzayda süzülmek komik görünebilir ama bu insanların spor salonuna da gitmeleri gerekir!

Hepsini iç bitir

UUİ'de bir yıl boyunca hayatta kalabilmek için bir astronotun **kendi teri ve idrarından oluşan 730 litre suyu** içmesi gerekir. Kulağa iğrenç gelse de bu sıvı, özel bir yöntemle **8 günden** fazla bir süre boyunca tüm vücut sıvılarının filtrelenip içme suyuna geri dönüştürülmesinden oluşur. İşin aslı bu su, çoğumuzun evimizde içtiği sudan çok daha saftır. Leziz!

Rusya'dan sevgilerle

Dünya'dan ayrılmayı planlıyorsanız önce Rusça konuşmayı öğrenmelisiniz. Bugünlerde UUİ'ye seyahat eden çoğu kişi bunu Rusya topraklarından yapıyor.

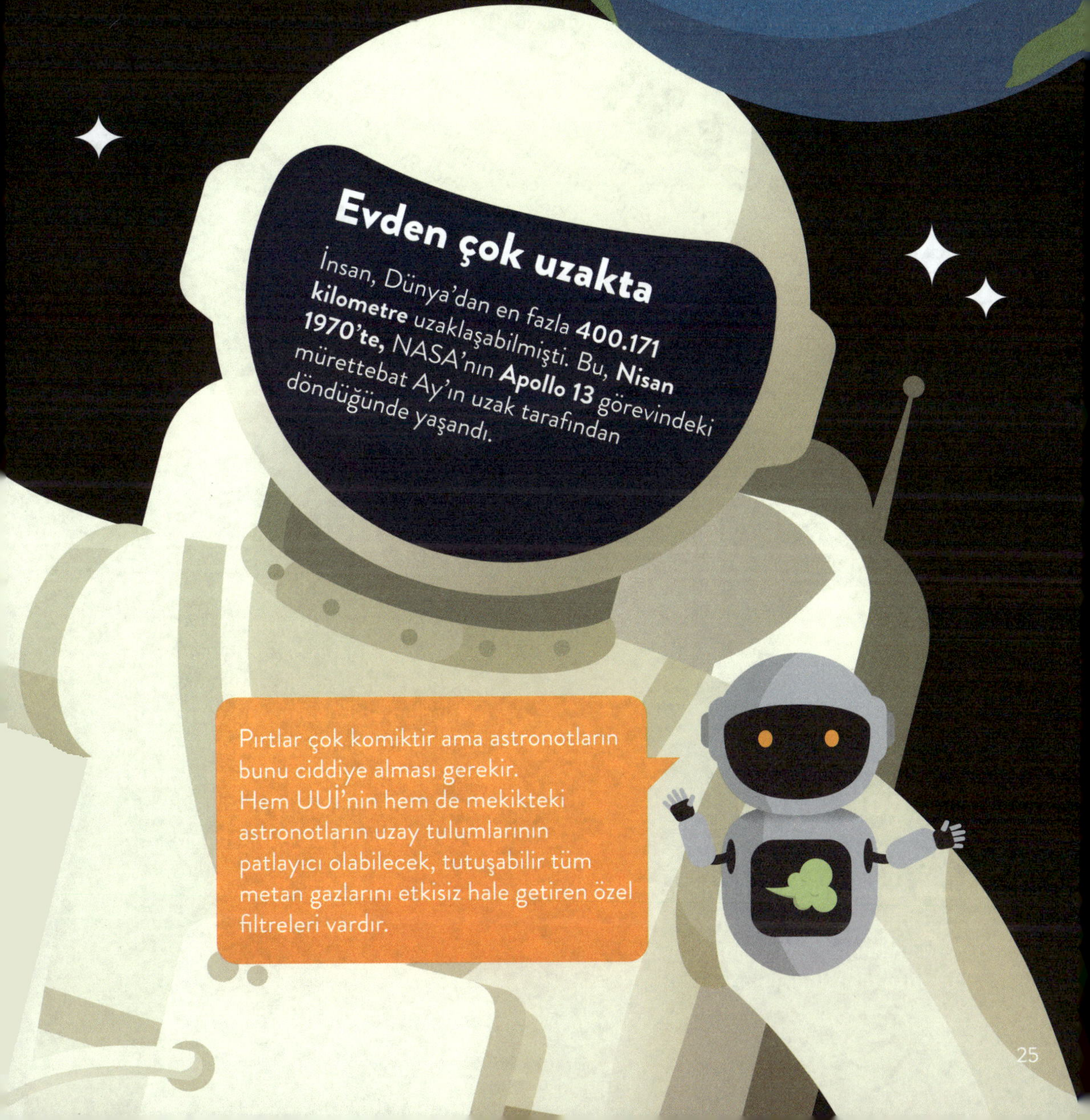

Evden çok uzakta

İnsan, Dünya'dan en fazla **400.171 kilometre** uzaklaşabilmişti. Bu, **Nisan 1970'te,** NASA'nın **Apollo 13** görevindeki mürettebat Ay'ın uzak tarafından döndüğünde yaşandı.

Pırtlar çok komiktir ama astronotların bunu ciddiye alması gerekir. Hem UUİ'nin hem de mekikteki astronotların uzay tulumlarının patlayıcı olabilecek, tutuşabilir tüm metan gazlarını etkisiz hale getiren özel filtreleri vardır.

UYDULARIN DA UYDULARI OLABİLİR

Gezegenlerin yıldızların yörüngesinde döndüğünü, uyduların da gezegenlerin etrafında döndüğünü biliyoruz. Peki bir uydunun kendi yörüngesinde dönen bir uydusu olabileceğini biliyor muydun? Aslında bilim insanları henüz herhangi birini keşfedebilmiş değil ama onların varlığından şüpheleniyorlar. Nasıl ki Güneş Sistemi'mizdeki bazı uydular kendi gezegenlerinden daha büyük ve çoğu gezegenin uydusu var, bu da oldukça mümkün!

Uçuş ziyareti

Suda yüzebiliriz çünkü havadan daha yoğundur. Bu yüzden teorik olarak, çok yoğun bir gazın içinde de yüzebilirsiniz. Uçmak böyle bir şeydir! Satürn'ün en büyük uydusu **Titan**'ın düşük yerçekimine ek olarak inanılmaz derece yoğun bir atmosferi vardır. Yani kendine bir çift kanat yapıp kollarını çırpmaya başlarsan havalanırsın!

Pek çok uydu

Güneş Sistemi'mizde **en fazla uydusu** olan gezegen **Satürn**'dür; son sayımda **82 uyduya** sahipti. Satürn'ün hemen ardından, toplam **79 uydusu** olan Jüpiter gelir.

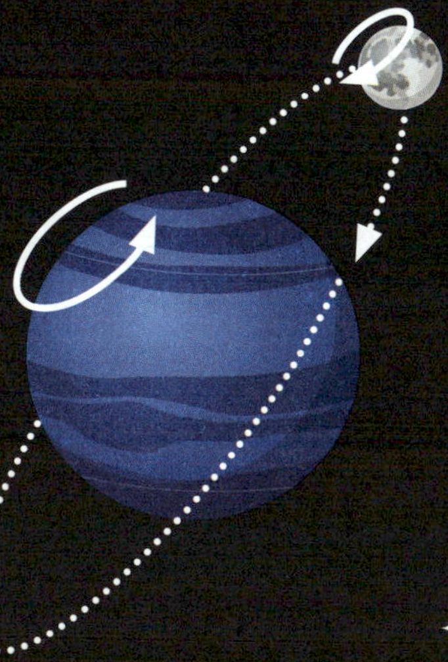

Yön değişimi

Triton, Neptün'ün en büyük uydusudur. Yaklaşık olarak Dünya'nın uydusu büyüklüğündedir. Triton, Güneş Sistemi'nde bu büyüklükteki **ters yörüngeli** tek uydudur; yani gezegeninin döndüğü yönün tersine döner.

219

Güneş Sistemi'mizdeki toplam uydu ve cüce gezegen sayısı.

Uydu lavı

Jüpiter'in uydusu **Io**'da yüzlerce volkan vardır. Io'nun inanılmaz güçteki yerçekimi kuvvetlerinden ötürü bu volkanik patlamalar, eriyik haldeki lavların **100 metreye** kadar gökyüzüne fışkırmasına sebep olur!

552.894

Güneş Sistemi'ndeki toplam asteroit sayısı. Bu asteroitler Güneş'in etrafında dönen, çoğunlukla tuhaf büyüklüklerdeki kaya yığınlarıdır. Eğer bir gezegenin yerçekimi alanı tarafından yakalanıp o gezegenin yörüngesine çekilirlerse, birer uyduya dönüşebilirler!

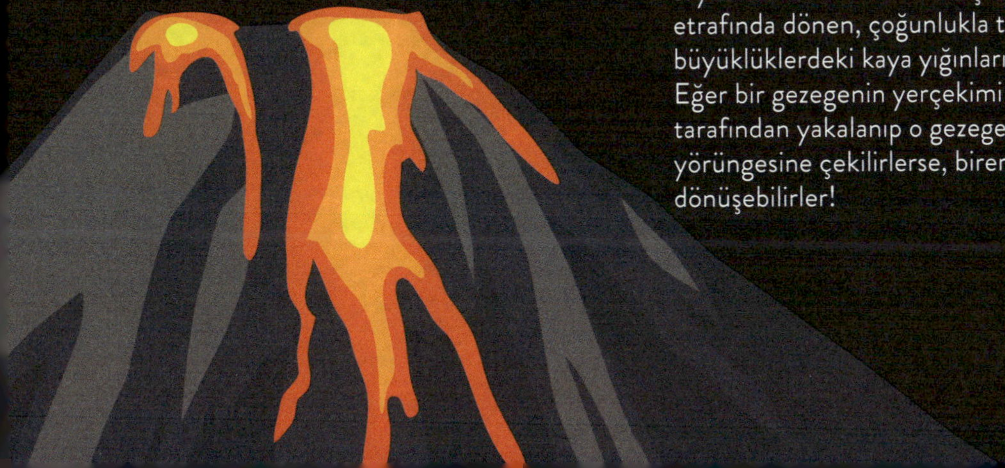

DİĞER GEZEGENLERDE NE KADAR YÜKSEĞE ZIPLAYABİLİRSİN?

Bu kitabı bir an için elinden bırak ve zıplayabildiğin kadar yükseğe zıpla. Hadi! Sence ne kadar yükseğe zıpladın?

Burada, Dünya üzerinde ne kadar yükseğe zıplarsan zıpla, diğer dünyaların çeşitli kütleleri ve yerçekimleri nedeniyle Güneş Sistemi'nin herhangi başka yerinde aynı güçteki bir sıçrama farklı sonuç verecektir!

Dünya üzerinde **0,5 metre** sıçrarsan, yalnızca bir saniye sürer.

Ay'ın yüzeydeki yerçekimi, Dünya'dakinin sadece **%17**'si kadardır. Yani Dünya'da sıçrarken kullandığın kuvvetle **3 metre** zıplayabilirsin ve yaklaşık olarak **4 saniye** boyunca havada kalırsın.

Mars, Dünya'dakinin yaklaşık **%33**'ü kadar yerçekimiyle Ay'dan büyük ancak Dünya'dan küçüktür. Mars'ta **1 metre** sıçrayıp **2 saniye** boyunca havada kalabilirsin.

DÜNYA

AY

MARS

Plüton bir cüce gezegen olabilir, yine de oldukça büyüktür! Plüton'un yüzey yerçekimi Dünya'dakinin sadece **%6**'sı kadardır, yani Plüton'daki bir sıçrama **8 metre** yüksekliğinde olacak ve **9 ila 10 saniye** sürecektir.

Satürn'ün uydusu Enceladus, Dünya'nın uydusunun çapının sadece **%14**'ü kadardır. **43 metre** havaya yükseleceğin için burada zıplamak harika olurdu. Üstelik sıçraman **60 saniye** süreceğinden, keyfini çıkarmak için bolca zamanın olurdu.

Kendini 67P Kuyrukluyıldızı'nda bulursan, en iyisi zıplamamak olur. Aksi takdirde kendini uzayın karanlığında sürüklenirken bulurdun. Bunun nedeni; bacaklarının, kayanın yerçekimi alanını kıracak kadar güçlü bir sıçrama oluşturmasıdır, böylece **kurtulma hızına** ulaşırsın. Bir bakmışsın çok uzaklara gidivermişsin!

PLÜTON

ENCELADUS

67P KUYRUKLUYILDIZI

Uzun bir yol

Bilim insanlarınca, gizemli bir dokuzuncu gezegenin Güneş'in etrafında dönmesi **10.000** ila **20.000 yıl** sürer. Onlara göre bu gezegen, yörüngesini yaklaşık her **165 yılda** bir tamamlayan Neptün'ün Güneş'e olan mesafesinden **20 kat daha uzaktır.**

GÜNEŞ SİSTEMİ'MİZDE GİZEMLİ BİR DOKUZUNCU GEZEGEN OLABİLİR

Gökbilimciler, Güneş Sistemi'mizin uzak bir köşesinde, buzlu karanlıkta gizlenen, keşfedilmemiş bir **Dokuzuncu Gezegen** olabileceğine inanıyor. Bu saklı gezegenin yeri henüz belirlenmedi ya da fotoğraflanmadı; ancak gezegenin **yerçekimi etkisini** uzak uzay kayalarının olağandışı yörüngelerinde gözlemledik.

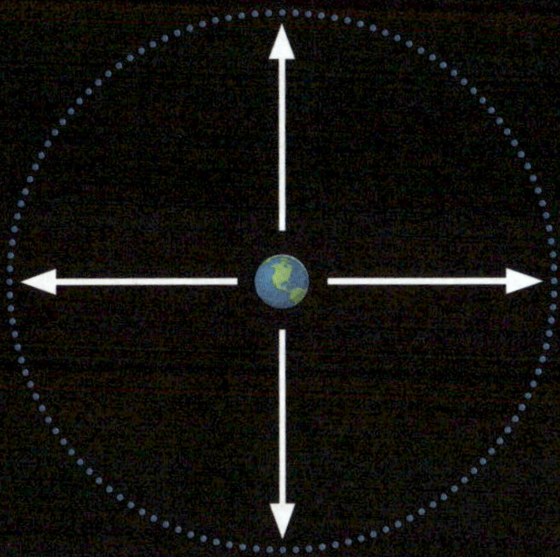

Adını göklere yaz

Dokuzuncu Gezegen'in buzlu dünyası keşfedildiğinde, isimlendirme hakkı onu keşfeden kişiye ait olacak. Gezegenler adlarını, geleneksel olarak mitolojik Roma tanrılarının isimlerinden alır.

Dünya çarpı on

Dokuzuncu gezegen, Dünya'nın yaklaşık **10 katı** bir kütleye sahip olabilir. Muhtemelen daha da fazla! Bilim insanları bu kütleyi, potansiyel gezegenin yerçekimi etkisinin gücünü temel alarak hesapladı.

SIRA SENDE!

Dokuzuncu Gezegen'i sen keşfetseydin ona hangi ismi verirdin?

Senin için yeterince soğuk mu?

Bu dev gezegen, Güneş'ten çok uzak olduğu için oldukça soğuk olmalı. Ortalama sıcaklığın kemik donduran cinsten, yani **-226°C** derece olduğundan şüpheleniliyor.

Didik didik etmek

Bir nesne Güneş'ten ne kadar uzaksa, tespit edilmesi de o kadar zorlaşır. Ancak Dokuzuncu Gezegen'i ararken dünyanın en güçlü teleskoplarını kullanıyoruz, bu yüzden bir gün bu keşfin gerçekleşeceğinden umutluyuz!

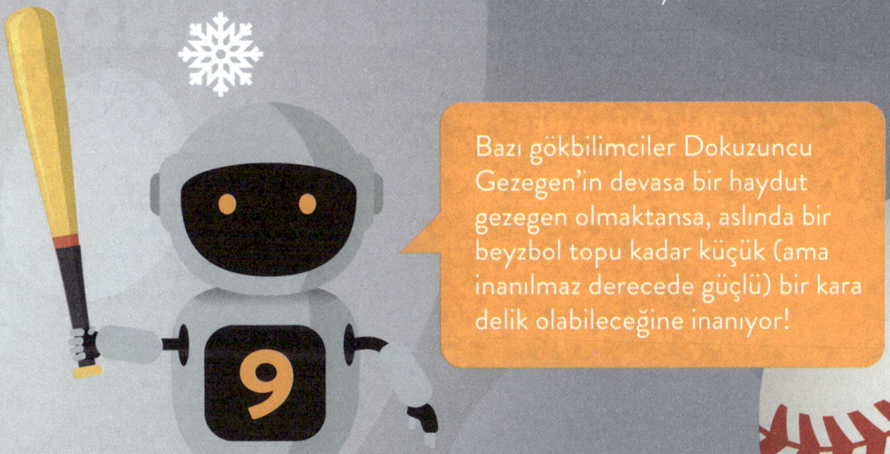

Gezgin robotlar

Mars hakkında sahip olduğumuz bilgilerin büyük bir kısmını, yüzeyini araştırmak için gönderdiğimiz robotlar sayesinde keşfettik. Mars bizim en yakın komşumuz olduğu için (yalnızca **64 milyon kilometre** uzaklıkta!) Dünya'nın ötesinde robotik teknolojilerle en çok keşfedilen gezegendir.

SIRA SENDE!

Mars'a gitmek için Dünya'yı terk edip **7 ay** boyunca uzayda seyahat eder miydin? Kozmik yolculuğunda yanına ne almak isterdin?

Kayıp manyetizma

Dünya bir **kuvvet alanı** gibi iş gören **koruyucu bir manyetik alanla** çevrilidir. Dünya'nın aksine Mars'ta bu kuvvet alanı yoktur. Yani Güneş, gezegenin atmosferinin çoğunu söküp almış ve geriye donmuş bir yüzey bırakmıştır. Bu kuvvet alanı olmadığında, Güneş'in ısısı kolaylıkla kaçarak ardında kavrulmuş ve serin bir gezegen bırakır. Yine de bir zamanlar Mars'ın kendi manyetik alanı vardı ancak başına ne geldiği gizemini koruyor.

MARS BİR ZAMANLAR SUYLA KAPLI BİR GEZEGENDİ,

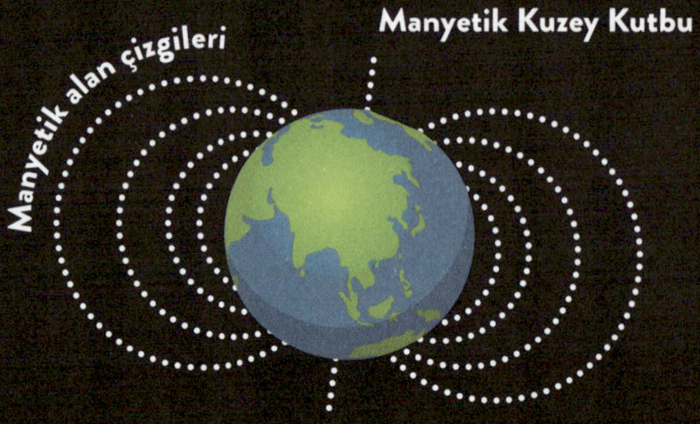

ÜSTELİK DÜNYANINKİ GİBİ KALIN BİR ATMOSFERİ VARDI!

Şimdi bu iki komşu gezegene bakıldığında, bir zamanlar Mars'ın Dünya'nın daha küçük ikizi zannedilip karıştırıldığına inanmak güç. Ama bugün gördüğümüz paslı kırmızı yüzeydense Mars, suyla ve hatta belki de hayatla kaplıydı. Yok artık!

Bu elbette milyonlarca yıl önceydi ve o sırada Mars, yüzeydeki okyanusların yanı sıra kalın bir atmosfere sahipti. Bu atmosfer, suyun sıvı halde kalması için gezegeni yeterli sıcaklıkta tutuyordu. Bugün bu su olmasa da Kızıl Gezegen'in kutup tepelerinde ve yüzeyinin altında, buz halindeki su varlığını sürdürüyor.

Mars görevi

Robotlar Mars'a ayak bastı, belki bir gün biz insanlar da onlara eşlik ederiz! NASA çoktandır Ay'a iniş görevleri planlıyor, böylece tarihe geçecek bir Mars yolculuğuna hazırlanıyor. **SpaceX**'in kurucusu ve CEO'su **Elon Musk** da Mars'a insan gönderme niyetinde olduğunu açıkladı. Ayrıca bu yolculuk için **Starship** adlı muazzam bir uzay aracı inşa ediyor.

Mars dağları, yanardağları ve vadileri olan bir gezegendir. Mars'ın yüzeyi Dünya'nınkine çok benziyor gibi görünse de Kızıl Gezegen'de her şey daha uç noktalardadır. Mars üzerindeki en büyük yanardağ olan **Olympus Mons, 22 kilometreyle** Everest Dağı'nın üç katı yüksekliktedir. Dahası süper geniştir, yaklaşık **624 kilometre** kadar. Olympus Mons o kadar büyüktür ki yamaçları gezegenin yüzeyiyle birlikte kıvrılır!

Mars ayrıca **Valles Marineris** kanyon sistemine ev sahipliği yapar. Bu inanılmaz vadiler **4.000 kilometrelik** bir alan kaplar ve **7 kilometre** derinliğindedir. Bu, Dünya'daki Büyük Kanyon'dan **4 kat** daha derin ve **5 kat** daha uzun olduğu anlamına gelir.

GÜNEŞ SİSTEMİ'MİZDEKİ TÜM GEZEGENLER DÜNYA'YLA AY ARASINDAKİ UZAY BOŞLUĞUNA SIĞABİLİR

Dünya'yla Ay arasındaki ortalama mesafe **384.400 km**'dir.

Merkür + Venüs + Mars + Jüpiter + Satürn + Uranüs + Neptün toplam çapı = **380.016 km**

Güneş Sistemi'mizdeki tüm gezegenlerin çaplarını toplarsak (NASA'nın ölçümlerine göre ve Dünya'yı dahil etmeden) **380.016 kilometre** eder.

Bu sayı muazzam görünebilir ama aslında Dünya'yla Ay arasındaki mesafeden daha küçüktür. Yani tüm gezegenler bu boşluğa sığabilir, hatta fazladan yer bile kalır!

EVRENİN DERİNLİKLERİNDEN GELEN IŞIK HENÜZ BİZE ULAŞMADI BİLE

Evrende yaşasak da çok büyük olduğu için hepsini göremediğimiz düşüncesi kulağa inanılmaz geliyor! Evren ve içinde var olan her şey (ki buna Dünya, gezegenler, yıldızlar, uzay, galaksiler ve hatta zaman da dahil) hayal edebileceğimizden çok daha büyüktür. Evrenin Dünya üzerinden görüp algılayabildiğimiz küçük kısmına **gözlemlenebilir evren** diyoruz. Bu haliyle evren, bir ucundan diğer ucuna **93 milyar ışık yılı** kadardır!

Bunu gözlemlenebilir evrenimizden Dünya'nın bir ucuna yolculuk eden ışığa dayanarak ölçebildik. Bunun anlamı, gözlemlenebilir evrenin (ya da bizim sıklıkla adlandırdığımız şekliyle "**bilinen evren**"in) ötesinde bir şey olduğudur. Orada, henüz Dünya'ya ulaşmamış, yolculuğuna devam eden bir ışık olacak. Aslında görebildiğimiz ışıkta, bu ışıktan çok daha fazlası var. Bunun ardında yatan neden, elbette bir gün çözmeyi umduğumuz bir kozmik gizem.

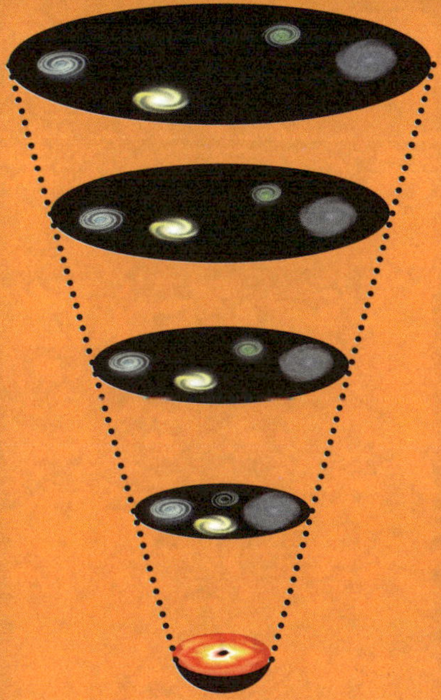

Büyük Patlama

Evrenin durmadan genişlediğini biliyor muydun? Her an büyüdükçe büyür. Sadece büyümekle kalmaz, bunu durmadan artan bir hızda gerçekleştirir. Aslında evrenin bir ucu, ışık hızından daha hızlı genişler!

Işık yılı

Akrabalarını görmek için yaptığın araba yolculuğunun uzun sürdüğünü düşünüyorsan bir de evreni dolaşmayı dene! Uzay muazzam büyüklükte olduğu için gökbilimciler, oradaki nesnelerin uzaklıklarını ölçmek için ışık hızını kullanırlar. **Bir ışık yılı**, ışığın uzayda **bir** yılda kat edebileceği mesafedir, yani **9.460.000.000.000 kilometre!**

En yakın komşular

Samanyolu Galaksisi'nin, bir sonraki en büyük galaksi olan **Andromeda**'ya mesafesi **21.000.000.000.000.000.000 kilometredir.** Amma çok sıfır! Hesabı kolaylaştırmak için bu mesafeyi ışık yılıyla ölçeriz, net sonuç **2,3 milyon ışık yılıdır!** En yakın komşu yıldızımız, yalnız **4,3 ışık yılı** uzaklıktaki **Proxima Centauri**'dir.

53 milyon insan evdeki siyah beyaz televizyonlarından Ay'a inişini izledi. Dünya çapında toplam **650 milyon izleyici** olduğu tahmin ediliyor!

Kalem kılıçtan keskindir

Başarılı inişlerinin ardından, arızalı bir şalter, Apollo 11 astronotlarının Ay'da mahsur kalmaları anlamına geliyordu. Bir ilham anında, astronotlar şalter deliğine bir keçeli kalem sokup **çıkış motorunun** aktif hale gelmesini sağladılar ve günü kurtardılar!

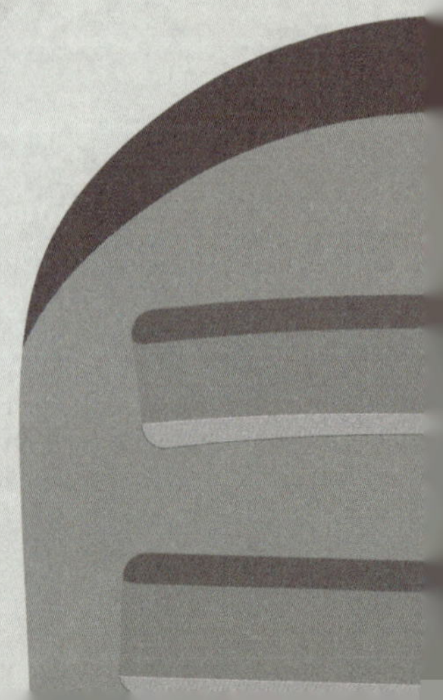

Apollo 11'in Ay'a inişi, 400.000 NASA çalışanı sayesinde mümkün oldu. Bu kadın ve erkekler Ay inişini gerçekleştirebilmek için **10 yıllık süre zarfında** dinlenmek bilmeden çalıştılar. İnsanoğlunu Ay'a götürmek, **4 milyon yıllık** bir ortaklaşa çalışmaya ve **25 milyar dolara** mal oldu.

Apollo Ay Modülü'ne **The Eagle**[*] deniyordu ve pilotu, aynı zamanda **görev komutanı Neil Armstrong**'du. Tüm dünya izlerken Armstrong orijinal iniş alanını kaçırdı ancak bir dakikadan az süreli yakıtı kalmasına rağmen alternatif bir iniş alanı bulmayı başardı. Kıl payı!

Ay'a dikilen ilk bayrak

Ay'a dikilen ilk bayrak muhtemelen artık orada değil. Astronotlar Ay'ın yüzeyinden ayrılırken ay modülünün roket motorları tarafından devrildi ve muhtemelen o zamandan beri Ay'ın acımasız koşulları altında zeminine karıştı.

Sonra koklaşalım

Çok küçük bir alana tıkılmış üç astronot elbette biraz kokacaktır. Peki içme sularındaki hidrojen kabarcıklarının ekstra kokulu osuruklara sebep olduğunu biliyor muydun? 8 günlük bir görev sırasında her şey fazlasıyla kokuşur!

*Eagle (İng.): Kartal (ç.n.)

ASTEROİT KUŞAKLARI ISSIZ YERLERDİR

Filmlerde sıklıkla, asteroit kuşaklarında hızla yol alan, kıvrılıp dönen ve genellikle birbirine sıkıca kenetlenmiş uzay kayası parçalarıyla çarpışmaktan kaçınmak için elinden gelenin en iyisini yapan bir uzay gemisi görürüz. Ancak gerçekte asteroit kuşakları oldukça ıssız ve sıkıcı yerlerdir. Bir asteroit kuşağındaki iki asteroit arası ortalama mesafe yaklaşık **966.000 kilometredir**. Bu, Dünya'yla Ay arasındaki mesafenin neredeyse iki buçuk katıdır. Bu boşluğa ne kadar çok gezegen sığabileceğini bir düşünsene! Ezkaza kendini bir tane asteroidin üzerinde bulsaydın, etrafında yalnızca uzaktaki yıldızlar ve uzayın bomboş karanlığı olurdu.

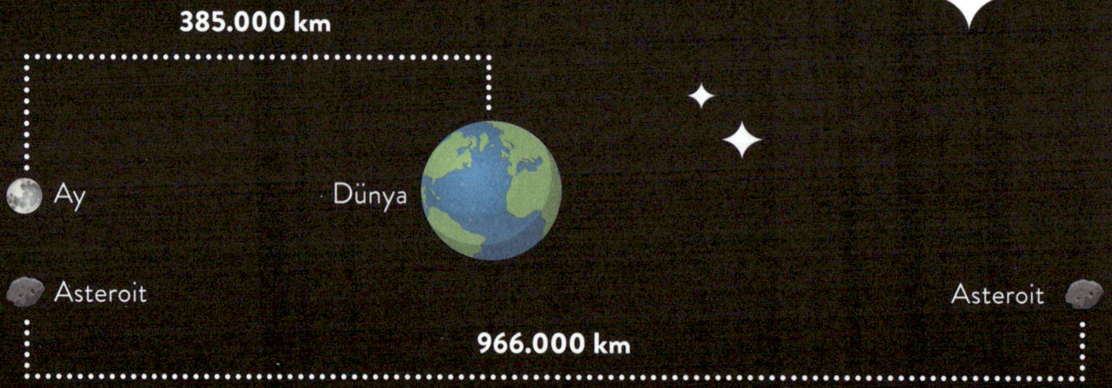

Yer gök kaya

Güneş Sistemi'mizdeki asteroit kuşağı, iç ve dış gezegenlerimiz olan Mars ve Jüpiter arasında bulunabilir. Kuşak, **yüz binlerce asteroitten** oluşmasına rağmen tüm kütlenin neredeyse yarısı **dört gökcisminden** oluşur. Bunlar **Vesta, Pallas, Hygiea** isimli üç asteroit ve çapı **950 kilometre** olan **Ceres** isimli bir cüce gezegendir.

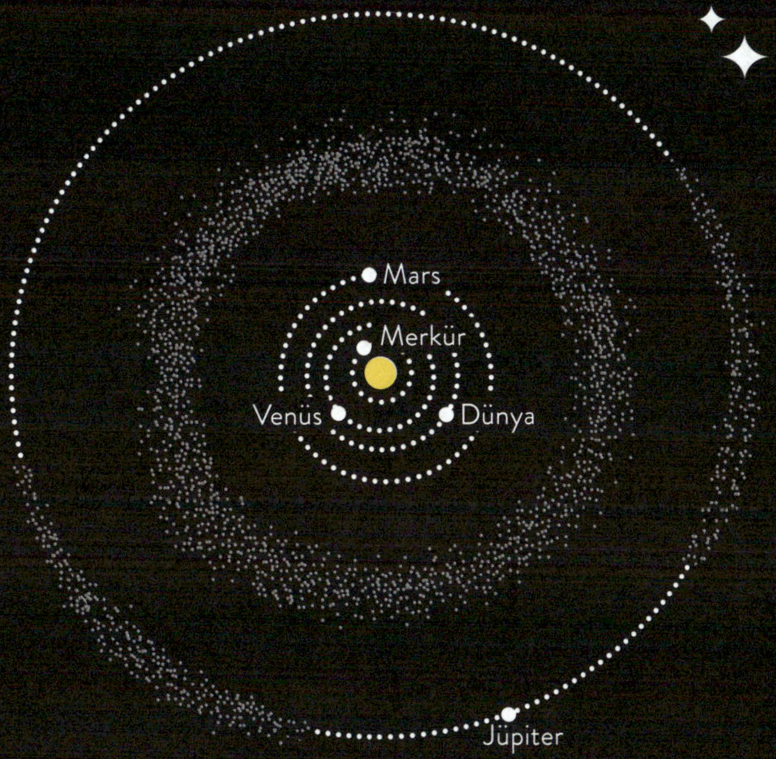

Dinozor katili

Bilim insanları **66 milyon yıl önce 10 ila 80 kilometre çapında** bir asteroidin Dünya'ya çarptığı ve dinozorları yok ettiği konusunda hemfikirler. Meksika'daki **Yucátan Yarımadası**'nın altında keşfedilen **Chicxulub Krateri, 150 kilometre çapındaki** bir çarpma krateridir. Bu kraterin, bu felaketin merkez üssü olduğuna inanılır.

DERİN UZAYDA BİR ŞEY DÜNYA'YA SİNYAL GÖNDERİR

500 milyon ışık yılı uzaklıktaki bir galaksiden gelen bir gizem, bilim insanlarının kafalarının kaşımasına neden oldu. Bu galaksi Dünya'ya tekrarlanan radyo sinyalleri gönderiyor ancak bu sinyallerin henüz neden veya kimden geldiklerini bilmiyoruz!

Dalgalar yapmak

Radyo dalgaları bir çeşit **elektromanyetik radyasyondur**, yani ışık hızında hareket ederler. Ama uzayın akıl almaz mesafelerinde yol almaları uzun zaman alır. Gizemli yinelenen sinyaller, yaklaşık **500 milyon yılda 5 milyar trilyon kilometre** yol kat etmiştir. Bu sinyallerin yolculuklarına başlama tarihi çok eskiye dayanır; hayvanların Dünya okyanuslarından yüzeye çıkmaya başladıkları ilk zamanlara!

HRP 180916.J0158+65

Bu bir ağız dolusu sayı ve harf, bilim insanlarının yinelenen gizemli sinyale verdikleri isimdir.

Bu sinyalleri kimin ya da neyin gönderdiğini düşünüyorsun? Bu sinyallerin; **nötron yıldızları, yıldızların birleşmesi** ve hatta **kara delikler** tarafından gönderildiğine dair çeşitli fikirler mevcut. Sinyalle iletişim kurabilseydin ona ne sorardın?

Ani şöhret

Bu yinelenen sinyal bir tür **Hızlı Radyo Patlaması**'dır (HRP). Bunlar burada, Dünya'daki radyo teleskoplarımızla tespit ettiğimiz gizemli derin uzay sinyalleridir. Genellikle bir kez tespit edilirler ve onlardan bir daha haber alınamaz. HRP 180916.J0158+65'i bu kadar alışılmadık kılan da budur! Yalnızca yinelenmesi değil, bunun düzenli aralıklarla gerçekleşmesi: **16,35 günde bir.** 4 gün boyunca sinyal saatte bir ya da iki patlama yapar. Döngü tekrar etmeden önce 12 günlük bir sessizlik olur.

URANÜS UZAYA GAZ SIZDIRIR

Gizemli bir güç, Uranüs'ün atmosferini doğrudan uzaya çekiyor. **Uzay sondası Voyager 2,** 1986'da Uranüs'ün yanında yol alırken, gezegenden kaçan dev bir plazma baloncuğunun içinden geçti ve atmosferinin bir kısmını beraberinde götürdü. Dev plazma baloncuğu yaklaşık **200.000 kilometre** uzunluğunda ve iki katı genişliğindeydi ki bu, Dünya'nın on katı eder!

Şiirsel uydular

Uranüs'ün **27 uydusu,** Yunan ve Roma mitolojisindeki figürlerin adlarını taşıyan diğer gezegenlerin uydularından ziyade, isimlerini **William Shakespeare** ve **Alexander Pope**'un eserlerindeki karakterlerden alır. **Miranda, Ariel, Umbriel, Titania** ve **Oberon** bu isimlerden birkaçıdır.

George Gezegeni

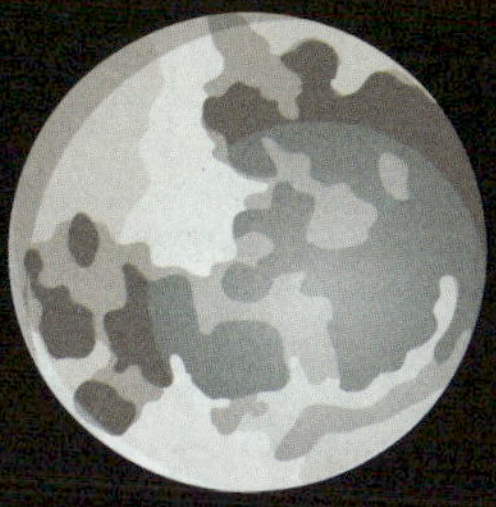

William Herschel 1781'de Uranüs'ü ilk keşfettiğinde, dönemin kralı III. George'u onurlandırmak için bu gezegenin adını **Georgium Sidus** koymak istedi. Bu isim diğer bilim insanları arasında pek hoş karşılanmadı ve sonunda, gökyüzüyle özdeşleştirilen Yunan tanrısı Uranüs'ün ismini aldı. Bu gerçekten utanç verici bir durum; çünkü Uranüs kulağa komik gelse de "George Gezegeni" kulağa daha da komik geliyor!

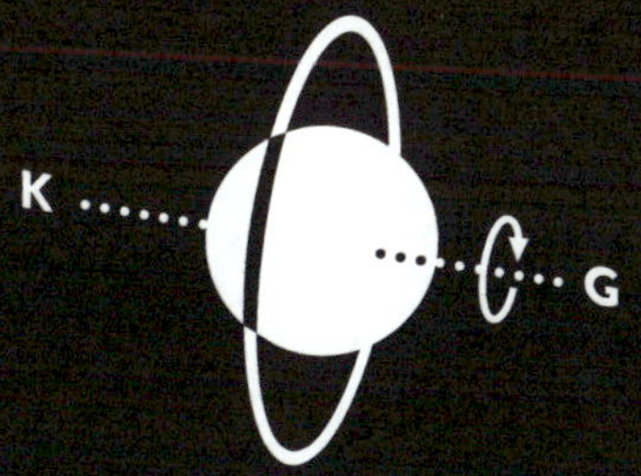

Yuvarlanmak

Milyarlarca yıl önce devasa bir şey Uranüs'le çarpıştı ve onu yan yatırdı. Ve Uranüs o zamandan beri aynı konumda; bir tarafa yatık bir şekilde uzayda yuvarlanıyor.

84 YIL

Dünya'nın Güneş'in yörüngesinde dönmesi **365 gün** sürer; ancak aynısı Uranüs için aşağı yukarı **84 kez fazla** sürer. Bu nedenle Uranüs'te **1 yıl, 84 Dünya yılına** eşittir ve her mevsim **21 yıl** sürer. Kendine has yörüngesiyle tüm yaz boyu güneş ışığını görür ve kışın tamamı bütünüyle karanlıkta geçer. Yani gezegende tek bir gün 21 yıl sürerken, tek bir gece de başka bir 21 yıl sürer! Uranüs'te sadece bir gün ve bir gece yaşayıp **42. yaş gününü** kutlayabilirsin.

Yüzeyin üzerini çiz

Uranüs'e herhangi bir uzay aracının inme şansı olduğu söylenemez. Sebep sadece uzay aracının, atmosferin basıncı ve ısısıyla yok olması riski de değil; inişinin imkânsız olması! Uranüs dış Güneş Sistemi'nin buz devidir, bu nedenle de yüzeyi yoktur. Bu harikulade tuhaf gezegenin çoğu, dönen sıvılardan oluşur!

EVRENDEKİ EN BÜYÜK PIRLANTALARDAN BİRİ, BİR YILDIZDIR

Dünya'dan **50 ışık yılı** uzaklıkta **10 milyar-trilyon-trilyon karatlık** bir elmas var. Bu, **1** rakamını takip eden **34** sıfır demek! Elmas aslında bir beyaz cücenin içindeki kristalize karbondur. Beyaz cüceler, yıldızın çekirdek yakıtının tükenmesi ve ömrünün sonuna gelmesiyle oluşur.

Parılda parılda küçük yıldız

Dünya'da şimdiye kadar bulunan en büyük elmas, uzaktaki kozmik akrabasıyla kıyaslanamaz bile.

Adı	Cullinan Pırlantası	BPM 37093
Takma adı	Afrika'nın Yıldız	Lucy
Konumu	Dünya	Centaurus Takımyıldızı
Büyüklüğü	58,9 x 45,4 x 27,7 mm	Çapı 4.000 km
Ağırlığı	621.35 g	$5x10^{29}$ kg $5x10^{29}$ kg
Karat cinsinden ağırlığı	3.107	10 milyar-trilyon-trilyon
Değeri	400.000.000 Amerikan doları	Paha biçilmez

Lucy

Bu cüce yıldızın adı **BPM 37093**'tür ama Beatles'ın "Lucy in the Sky with Diamonds" (Gökyüzünde Pırlantalarıyla Lucy) şarkısından sonra **Lucy** olarak anılır oldu.

Sert kaya

Pırlantalar bildiğimiz en sert doğal maddedir. Pırlantayı çizebilecek tek madde, yine pırlantanın kendisidir!

Kozmik çan

Bu yıldız sadece çarpıcı görünmekle kalmıyor, aynı zamanda inanılmaz bir ses çıkarıyor! Daimi titreşimlerinden ötürü Lucy devasa bir kozmik çan gibi çınlar. Çınnnnnnn!

Kristal top

Lucy'e baktığımızda, Güneş'in geleceğini görebiliriz. Bilim insanları, tıpkı BPM 37093'e olduğu gibi, **5 milyar yıllık** bir zamanda Güneş'in süpernovaya dönüşmesini ve bunu takip eden **2 milyar yıl** içinde kristalleşmesini bekliyor.

GEZEGEN YAĞMURLARI EPEY ÇILGINDIR

Burada, Dünya'da yağmur yağmaya başladığında, gökten düşen şeyin sıvı haldeki su olduğuna emin olabilirsin. Ancak Güneş Sistemi'ndeki herhangi bir başka gezegende yanında bir şemsiyenin olması çok da faydalı olmayacaktır!

DÜNYA

Dünya'daki yağmur aslında **atmosferik su buharıdır**. Yoğunlaşıp sıvı su damlacıkları haline gelir. Sonra bu damlacıklar, yerçekiminin etkisi altında yüzeye düşecek kadar ağırlaşır.

SATÜRN

JUPİTER

NEPTÜN

Bilim insanları Satürn, Jüpiter ve Neptün'de minik elmaslar yağabileceğine inanıyor! Havada süzülen karbon atomlarının, bu gezegenlerin süper kalın atmosferlerinde basınç altında kalıp minik elmaslar halinde yağabileceği düşünülüyor. Ancak bu gezegenlerdeki yüksek sıcaklık dereceleri nedeniyle, parıldayan elmas yağmurunun yüzeye ulaşmadan önce bir elmas balçığına dönüşebileceğinden şüpheleniliyor.

Güneş yağmuru

Güneş'te yağmur yağdığını biliyor muydun? Buna **taçküre yağmuru** denir. Güneş'in dış atmosferindeki sıcak plazma soğuyup yoğunlaştığında meydana gelir. Bu plazma daha sonra manyetik alan çekimi nedeniyle Güneş'in yüzeyine geri düşer.

VENÜS

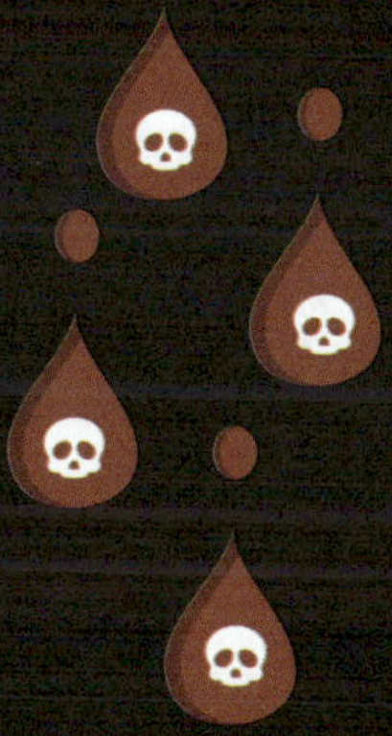

Sülfürik asit bulutlarından ötürü Venüs'ten kesinlikle uzak durmak isteyeceksindir. Gezegenin yüzeyi çok sıcak olduğu için bu asit bulutları yüzeye inmeden önce gaz haline gelir.

TİTAN

Titan, Satürn'ün en büyük uydusudur ve **-179°C**'dir. Titan'daki düşük sıcaklık, Dünya'daki yağmurun iki katı büyüklüğünde **sıvı metan yağmuruna** sebep olur ve yağmur damlaları Dünya'dakinin beşte biri hızla düşer.

MARS

Mars Güneş Sistemi'mizde, üzerine karbondioksitten oluşan küçük kar taneleri, yani **kuru buz** yağan tek gezegendir. Öte yandan Mars üzerinde, Dünya'daki gibi, sıvı sudan meydana gelme kar var.

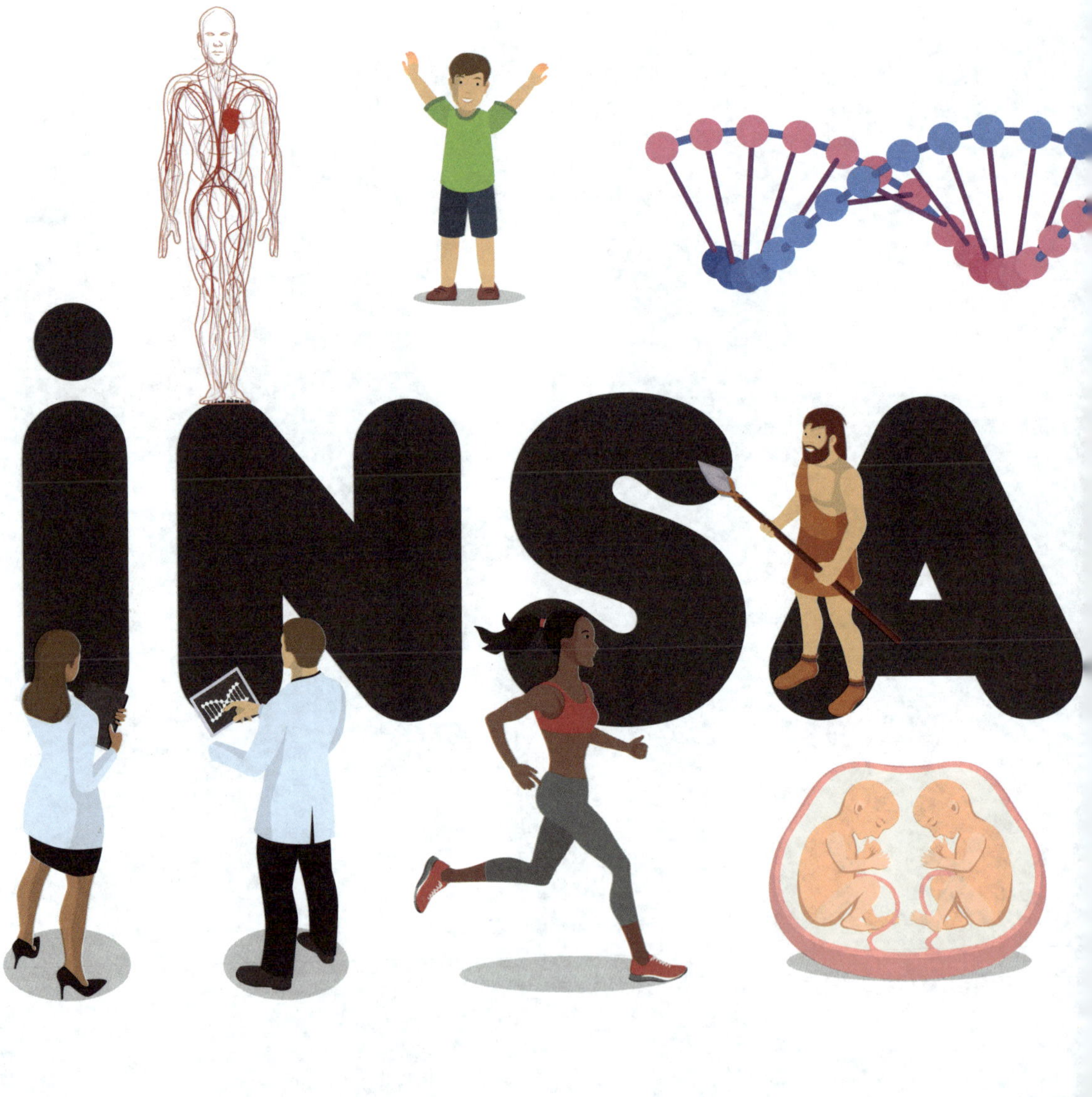
INSA

NLAR

BAZI İNSANLAR SESLERİ GÖRÜP RENKLERİ DUYABİLİR

Ne zaman bir kediye baksan, ağzına fıstık ezmesi tadı geldiğini düşün. Ya da piyano dinlerken, birinin senin kafa derine masaj yaptığını hissettiğini hayal et. Belki pazartesiler sana parlak turuncu görünüyordur. Tüm bunlar kulağa baştan sona saçma gelebilir ancak **sinestezin** varsa hepsi son derece normaldir.

Sinestezi, insanların beyinlerinin duyularını karıştırdığı bir durumdur. Genellikle ebeveyninden kalıtımla geçer ama bunun nasıl olduğu gizemini korur! Sinestezisi olan insanlar, biri onlara aksini söyleyene kadar dünyayı deneyimleme biçimlerinin çok farklı olduğunun ayırdında bile olmaz.

Müziği görmek

Mozart'ın da bir tür sinestezi yaşadığını düşünüyoruz çünkü müzik notalarını renklerle tarif ediyordu. Onun için Re majörün canlı turuncu bir sesi varken, Si bemol minörün sesi "kulağa" siyah geliyordu. Müziğini kâğıda dökerken bile farklı notalar için farklı renkler kullanıyordu!

Süper güçler

Sinestezi âdeta bir süper güce sahip olmak gibidir ve hepimizin bildiği üzere, her süper kahramanın farklı süper güçleri vardır! Sinestezinin, her biri kendine has özelliklere sahip pek çok farklı çeşidi vardır.

Kromestezi, kişinin renkleri seslerle bağdaştırdığı durumdur. Kromestezisi olanlar bir köpeğin havladığını duyunca kırmızı rengi düşünebilir. Bu onlara sıklıkla mükemmel bir duyma yetisi sağlar.

Grafem renk sinestezisi olanlar, alfabedeki harfleri ya da rakamları belli renklerde görür. Rastgele bir şekilde yazılmış birler ve ikilerle dolu bir sayfaya baktıklarında, onlara iki ayrı renkte görüneceklerinden, rakamları birbirinden hemen ayırt ederler.

Mekânsal sekans sinestezisi olanlar, sayısal dizileri uzaydaki noktalar olarak algılar. Bu, gelecek seneyi üç boyutlu bir harita şekilde görebilmek gibi olurdu.

Sinestezinin en etkileyici biçimlerinden biri, **ayna dokunuş sinestezidir**. Bu, başkasının duygularını algılamanı sağlar, üstelik sadece ona bakarak! (Neredeyse) zihin okuma gücüne sahip olan bu insanların büyük bir empati yeteneklerinin olması şaşırtıcı değil.

SİNESTEZİ
0123456789

Sinestezisi olan biri harfleri ve rakamları böyle görse gerek.

RÜYALARIM EDEBİLİRİZ

Rüya içinde rüya

Bir rüyadan uyanıp güne başladıktan sonra, başına gelen tuhaf bir şeyin üzerine hâlâ rüya gördüğünü fark ettiğin oldu mu hiç? Buna **sahte uyanış** denir. Sen *ikinci kez* uyanmadan önceki her şey aslında hâlâ bir rüyaydı. Hatta bazı insanlar rüya içinde rüya görür ve gerçekten uyanmadan önce birçok sahte uyanış yaşar.

ZI KONTROL

Rüyalarından birinde, tam o anda rüya gördüğünün farkına vardın mı hiç? Eğer bunu yaşadıysan bilinçli rüya görmüşsün demektir! Bilinçli rüya, rüya gördüğünü bildiğin anlamına gelir; ayrıca rüyalarındaki karakterlerin, olay örgüsünün ve hatta ortamın bile kontrolünü ele alabilirsin.

Bazı insanlar her gece bilinçli rüya görmek üzere kendilerini eğitebilir bile. Uçmak mı istersin? Hiç sorun değil, sadece havalan ve bir jet gibi gökyüzünde süzül!

İnsanlar **hayatlarının üçte birini uykuda** ve yaklaşık **altı yılını rüyada** geçirir. Bu, farklı bir dünyada geçirilen neredeyse **2.100 gün** demektir!

SIRA SENDE!

Yatarken başucunda bir rüya günlüğü tut ve uyanır uyanmaz, hafızandan silinip gitmeden rüyanı kelimelere dök! Hatırlayabildiğin en heyecan verici rüya nedir?

Yeni bir evren yarat

Herkes uyur ve rüya görür ama rüyalarımızı hepimiz hatırlayamayız. Neden rüya gördüğümüzse yaşamın büyük gizemlerinden biri olmayı sürdürüyor. Uyumanın bize en iyi fiziksel kondisyonumuzu geri kazandırdığını biliyoruz ancak neden zihnimizde karakterler ve hikâyelerle dolu ayrıntılı bir evren yarattığımız hâlâ bir sır.

İkilemde kalmak

Zihninin bir rüya yaratıp orada olan bitene şaşırabileceğini düşünmek tuhaf. Söz konusu bir kâbussa, düşün ki beynin hem korkuyu yaratır hem de ondan korkar!

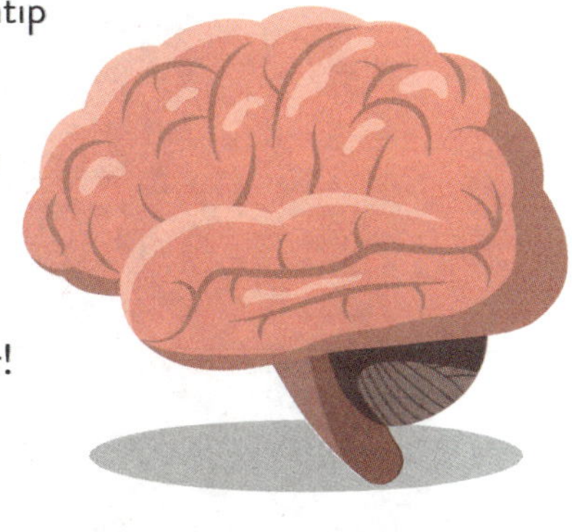

BEYNİN BİR EVREN GİBİDİR

Beynin tüm evrendeki en hayret verici, şaşırtıcı ve karmaşık organdır. Beyinde yaklaşık **86 milyar nöron** vardır; bunlar, tüm bedenin boyunca mesaj göndermekle sorumlu olan sinir hücreleridir. Kimyasal sinyaller ve elektrik sinyalleri göndererek birbiriyle iletişim kurarlar.

100 TRİLYON

Bu, beynindeki **sinaps** sayısıdır. Sinapslar **nöronal bağlantı** olarak da bilinir ve nöronların bir diğeriyle iletişim kurdukları yerlerdir.

Çalıştır saksıyı

İnsan beyni uyanıkken ortalama **23 watt enerji** üretme yeteneğine sahiptir. Bu, bir ampulü yakmak için yeterli olan güçtür!

BEYNİN %73'Ü SUDUR

Beyinlerimizde ağrı reseptörleri yoktur, yani herhangi bir ağrı hissetmezler. Bu, beyinde ameliyat yapılabileceği ve beynin teknik olarak hiçbir şey hissetmeyeceği anlamına gelir.

SAATTE 431 KİLOMETRE

Beynimizdeki mesajların en çabuk yol alış hızı. Bu mesajlar bir Formula 1 arabasından bile hızlı hareket edebilir!

Bir yudum al

Su içmek, bedenlerimiz için yapabileceğimiz en iyi şeydir; özellikle de beynimiz için. Susuz kaldığında, beyninde olup bitenler oldukça korkutucudur. Dikkatin ve hafızan, karmaşık işleri bir kenara bırak, en basit görevleri yerine getirme becerin bile etkilenir.

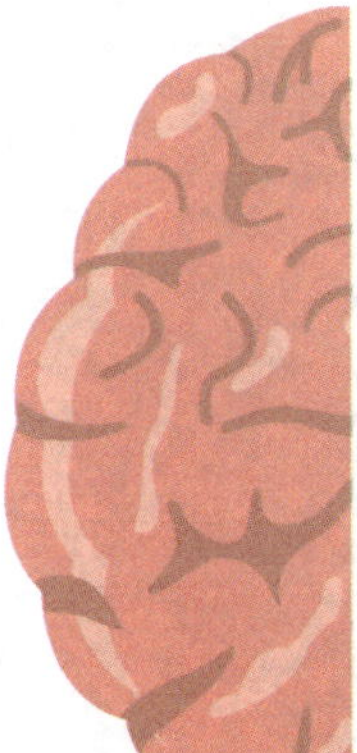

Hiç fena değil

Hemisferektomi, hastalıkların tedavisi için beynin yarısının cerrahi olarak çıkarılması ya da işlevsizleştirilmesidir. Ancak akıllara durgunluk veren şey, bunun hastanın kişiliği, hafızası veya mizahı üzerinde hiçbir olumsuz etkisi olmadan gerçekleşebilmesidir!

Roket bilimi

Bilimsel araştırmalar ve keşifler, sıklıkla bir **kontrol grubu** ve bir **test grubu** gerektirir. İkizler pek çok özelliği paylaştıklarından, ideal kontrol ve test özneleridir. Hatta bir keresinde bilim insanları, ikiz kardeşlerden birini **340 günlüğüne** Uluslararası Uzay İstasyonu'na (UUİ) gönderdi ve vücudunun, Dünya üzerindeki ikizine kıyasla nasıl değiştiğini gözlemledi. Bulgular arasında, uzaydaki ikizin gen aktivitesinde büyük bir fark vardı: alnındaki deri kalınlaşmıştı ve gözyuvarı şekli hafifçe değişmişti.

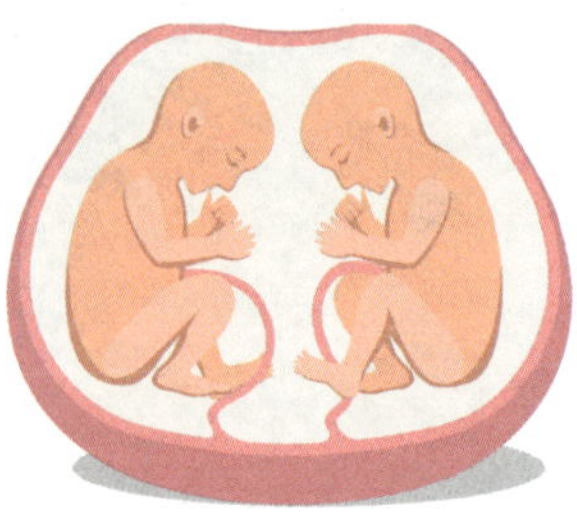

Sosyal ağ

İkizler ilk olarak anne rahminde birbiriyle etkileşime girer! Hatta kardeşlerinin başını ve sırtını okşarken gözlemlenmişlerdir.

AYRI BÜYÜYEN TEK YUMURTA İKİZLERİ,

Başka kopyası yok

Tek yumurta ikizleri aynı genetiği paylaşsa da parmak izleri aynı değildir. Ne var ki özdeş genleri onlara parmak izlerinde benzer örüntüler verir.

Şifreli dil

Kriptofazi; ikizlerin, genellikle çocukluklarında, yalnız kendi aralarında iletişim kurmak için kullandıkları benzersiz bir dil fenomenidir. Başka hiç kimse onların neyden bahsettiğini anlayamaz!

BİRLİKTE BÜYÜYEN TEK YUMURTA İKİZLERİ KADAR BİRBİRİNE BENZER

Bilim insanları birbirinden ayrı büyüyen **100 çiftten fazla tek yumurta ikizini** incelediğinde ortaya çıkan sonuç şuydu: Birlikte büyümeseler bile inanılmaz derecede birbirlerine benzerler. Tüm bu ikizler benzer karakterlere, tutumlara, huylara ve ilgi alanlarına sahiptir!

HEPİMİZ MUTANTIZ

Gen haritası

Deoksiribonükleik asit (ya da diliniz sürçecek gibiyse kısaca **DNA**) hayatın yapı taşıdır. Bükülmüş bir merdivene benzeyen, spiral biçiminde dizili iki uzun molekülden meydana gelir ve genellikle **çift sarmal yapı** olarak adlandırılır.

DNA, vücudundaki her bir hücrenin çekirdeğinde mevcuttur. Genetik bilgileri taşır; canlı bir organizmanın büyümesi, çoğalması ve işlemesi için ihtiyaç duyduğu talimatlara sahiptir. Yanında o olmaksızın şuradan şuraya gideyim deme.

Mutantlar, sadece çizgi romanlardaki süper kahramanlardan ya da korkunç filmlerdeki canavarlardan ibaret değildir. Mutasyon basitçe, bir organizmanın genetik materyalindeki değişimdir ve her gün bedenlerimizde çeşitli mutasyonlar gerçekleşir. Hepimiz birer mutantız!

Mutasyonlar kazara gerçekleşen değişimlerdir ve bizim durumumuzda, değişen materyal DNA'mızdır. Mutasyonlar DNA'mız kopyalanırken ya da bazen kimyasal veya radyoaktif patlamalar sebebiyle ortaya çıkabilir. Mutasyon olmasaydı Dünya üzerindeki yaşam hâlâ **3,6 milyar yıl önceki** balçık tabakasında olurdu. Yaşam **1 milyar yıl** boyunca balçık tabakası halinde varlığını sürdürdü, ta ki mutasyonlar ortaya çıkana ve evrim devreye girene kadar. Bu, tarih boyunca DNA'mızı değiştirdi ve bugün bu kitabı okumana önayak oldu!

Sakın beni durdurayım deme

İnsanlar tarih boyunca mutasyona uğradı ve bu mutasyonların ortaya çıkma hızı yavaşlasa bile, gelecekte de mutasyona uğramaya devam edecekler. Artık bir yıllık zaman diliminde insanlarda görülen yeni mutasyon türü, en yakın hayvan akrabalarımız olan şempanzelerde görülenden daha az.

Maymuna benzemek

Şempanzeler genetik olarak insanların en yakın akrabalarıdır. DNA'mızın neredeyse **%99**'unu paylaşırlar. Tıpkı bizim gibi oyun oynamaktan keyif alırlar, tıpkı bizimki gibi bir zekâya ve duygulara sahiptirler. Fiziksel olarak da birbirimize çok benzeriz.

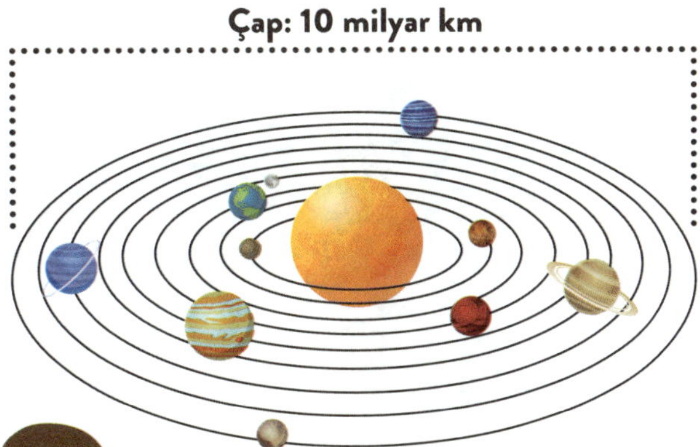

Boşluğa dikkat!

Bedenindeki tüm DNA moleküllerini bir uçtan diğerine dizebilsen, Güneş Sistemi'nin çapını baştan sona iki kez dolanırdı! İçinde **20 milyar kilometrelik** bir DNA var!

İşin aslı

Her insan genetik olarak gezegendeki diğer insanlarla **%99,9** oranında aynıdır. Genlerimizdeki şu minicik **%0,1**'lik fark, göz rengimizden tut yaşlandığımızda sahip olabileceğimiz hastalıklara kadar bize her şeyi söyler.

BİZ DİĞER ATOMLAR ÜZERİNE KAFA YORAN ATOMLARIZ

Evrendeki her şey atomlardan oluşur, gece göğündeki yıldızlardan ayaklarının altındaki toprağa kadar. Hatta ayakların da! Atomlar dünyamızın yapı taşlarıdır. Çok ama çok küçüktürler, üstelik daha da küçük parçacıklardan meydana gelirler. Aslında sen de bir grup atom hakkında düşünen başka bir grup atomsun.

Bir atomun inanılmaz derecedeki küçük boyutunu gözünün önünde canlandırmaya çalış. Bir insan saç telinin genişliğinden **yarım milyon kat daha küçük** bir ölçekte birbirine bağlanan atomları tek tek hayal et.

Elektron, üç parçacık arasında en küçük olandır ve negatif yüklüdür.

Nötron yüksüzdür.

Proton, pozitif elektrik yüklüdür.

Dönüp durmak

Çekirdek, bir atomun merkezindedir, proton ve nötronlardan meydana gelir. Elektronlar, çekirdeği çevreleyen kabuğun yörüngesinde döner.

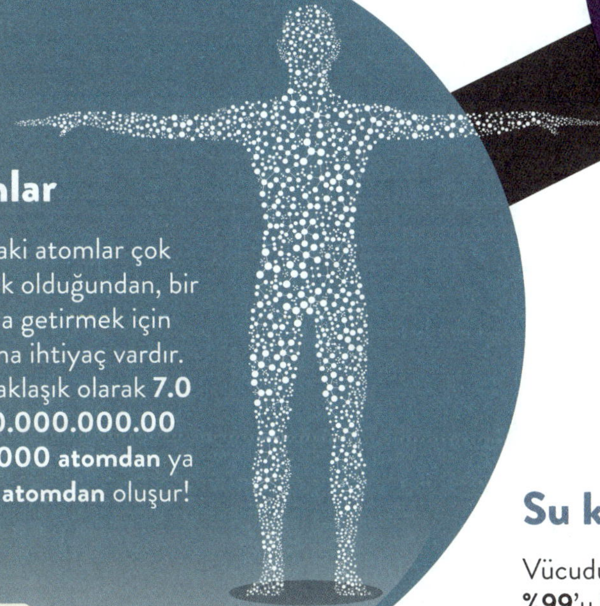

Oktilyonlar

Vücudumuzdaki atomlar çok ama çok küçük olduğundan, bir insan meydana getirmek için çok fazla atoma ihtiyaç vardır. Bir yetişkin yaklaşık olarak **7.000.000.000.000.000.000.000.000.000 atomdan** ya da **7 oktilyon atomdan** oluşur!

Su kütlesi

Vücudunun yaklaşık **%99**'u hidrojen, karbon, nitrojen ve oksijen atomlarından oluşur. Bir yetişkin insan vücudunun **%60** kadarı sudan, yani sadece hidrojen ve oksijen atomlarından oluşur.

Sıfırı tüketmek

Bir atomun çekirdeği, onu kapsayan atomdan **100.000 kat daha küçüktür**. Atomu bir stadyum büyüklüğünde hayal edersen, çekirdek bu stadyumun tam ortasındaki bir sivrisinek kadardır! Atom ve çekirdek arasındaki boyut farkı çok fazla boş alan yaratır. Eğer atomlarımızın içindeki tüm bu ölü boşluğu kaybedersek, insan ırkının tamamını tek bir küp şekerin hacmine sığdırabiliriz!

ÇOK YAYGIN

Hidrojen, evrende en yaygın bulunan atomdur. Samanyolu Galaksisi'ndeki atomların neredeyse üçte biri hidrojen atomlarıdır!

Kanlı canlı

Halihazırda Dünya'yı evi olarak gören insanların sayısı inanılmaz rakamlara ulaştı, üstelik bu sayı her yıl giderek artıyor. Dünyanın nüfusu yıllık **%1,10** oranında büyüyor, bu da yılda ortalama **83 milyon** insan daha demektir. Küresel insan nüfusunun **2030'da 8,6 milyar, 2050'de 9,8 milyar** ve **2100'de 11,2 milyar** olması bekleniyor. Tıklım tıklım!

0,062 METREKÜP

0,062 metreküp, bir insan vücudunun kapladığı ortalama fiziksel alandır.

7,8 milyar insan olarak dev bir aile gibi bir arada yaşamaya karar versek, evimiz ne kadar büyük olmalıdır? Şaşırtıcı ama hepimiz yaklaşık **785 metre** genişliğe, yüksekliğe ve derinliğe sahip bir binanın içine sığabiliriz. Hiç penceresi olmazdı ve hepimiz balık istifi gibi, birbirimize elimizden geldiğince yakın dururduk. Gerçek şu ki oldukça can sıkıcı bir deneyim olurdu ama evimiz dünyanın büyük şehirlerindeki birkaç bloktan daha fazla yer kaplamazdı.

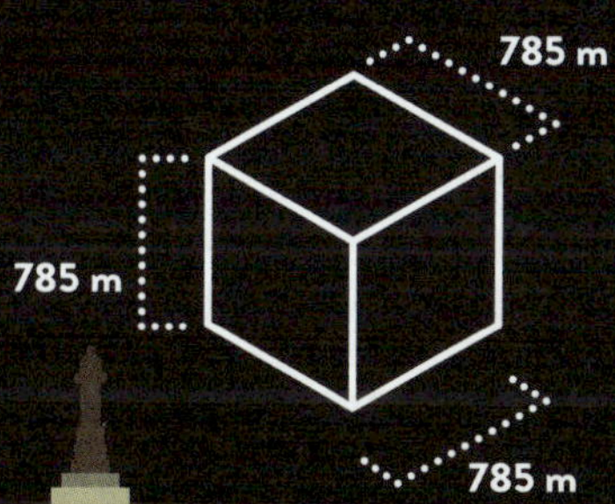

Muhasebesini yapalım

Dünyada **7.800.000.000 insan** olduğunu ve her birinin ortalama **0,062 metreküp** alanı kapladığını biliyoruz. Tüm bu rakamları çarptığımızda insanların tamamının toplamda kapladığı alanı elde ederiz: **483.600.000 metreküp**.

Küpün hangi genişlikte bu metreküpü oluşturabileceğini bulmak istiyorsak, **483.600.000**'in küp kökünü ($\sqrt[3]{}$) buluruz ki o da **784,9 metreye** eşittir. İşte!

SIRA SENDE!

Okulda, sınıfında kaç kişi var? Hepsinin ne kadar ortak alan kaplayacağını görmek için yukarıdaki hesaplamaları kullanabilir misin? Rakamlarla başa çıkabilmek için bir yetişkinden yardım isteyebilirsin!

BEŞ DUYUDAN FAZLASINA SAHİBİZ

Duyuların, vücudunun etrafındaki dünyayı keşfetme ve anlamlandırma yöntemidir. Hepimiz geleneksel beş duyudan haberdarız: **dokunma, görme, tatma, işitme** ve **koku alma**. Ama bu beşi yalnızca bir başlangıç. İnanılmaz vücutlarımız aslında yirmiden fazla duyuya sahip olabilir; bunlara **açlık, susuzluk** ve **tuvalete ne zaman gideceğini bilme** de dahil. Bu duyulara sahip olmamız içinse onları algılayacak **sensörlere** ihtiyacımız var. Sensörlerimiz; **gözler, kulaklar, burun, cilt** ve **dilden** oluşur. **Kan, mesane** ve **kalın bağırsak** gibi diğer sensörlerimizden söz etmedim bile!

Kaslarında ve eklemlerinde, vücudunun farklı bölümlerinin birbiriyle konumlarını ve ilişkilerini söyleyen **sensörler** vardır. Bu sensörler gözlerimiz kapalıyken parmak uçlarımızla burunlarımıza dokunmamızı sağlar. Hadi, gözlerini kapat ve hemen dene!

Gözler: Gözlerin iki farklı tipte ışık sensörüne sahiptir: **çomak hücreleri** ve **koni hücreler**. Çomak hücrelerimiz ışık yoğunluğunu algılar ve düşük ışıkta olduğumuzda yanıt verir. Ayrıca üç farklı koni hücresi vardır ve ana renklerin (kırmızı, yeşil ve mavi) her birini algılayabilir. Ancak bunun için parlak ışık gerekir.

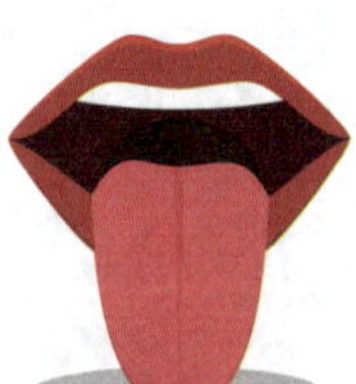

Dil: Dilinin üzerinde, sana tat alma duyusu veren kimyasal reseptörler vardır. Hımm, leziz!

Kulaklar: İç kulağında, titreşen ses dalgalarına tepki veren ses sensörlerinin yanı sıra, Dünya'nın yerçekimsel alanındaki konumunu algılayarak sana denge hissi veren sensörler de vardır!

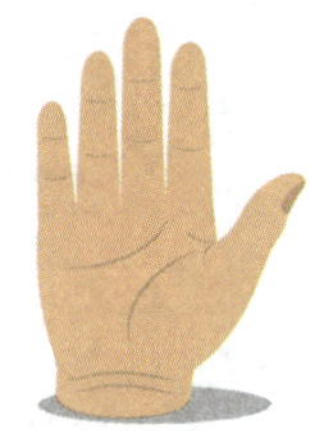

Cilt: Cildin harika bir sensör olmasının yanı sıra çok da meşgul bir sensördür! Dokunma, ağrı, sıcak/soğuk ve kaşınma duyularını, cildinin altında bulunan en az beş farklı sinir ucuna borçlusun.

Burun: Burnunun içinde, sana koku duyusu veren yüzlerce farklı kimyasal sensör vardır.

Kan: Kanında, tuz ve glikoz seviyelerini kontrol eden kimyasal sensörler vardır. Bu sensörler sayesinde vücudun sana ne zaman acıktığını ve susadığını söyler.

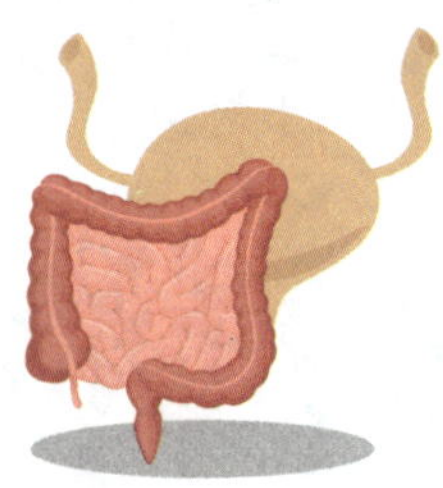

Mesane ve bağırsaklar: Tuvalete gitme zamanının geldiğini bilmenin nedeni, mesane ve kalın bağırsağının içindeki sensörlerdir.

Altıncı his

Başka özel duyuları da olduğunu iddia eden bazı insanlar vardır. Örneğin, birinin onlara baktığını ya da havadaki değişikliği sezinlemek gibi. Peki ya senin özel bir altıncı hissin var mı?

SIRA SENDE!

On farklı kişinin önünde esniyormuş gibi yaparak, esnemenin ne kadar bulaşıcı olduğunu test etmeye ne dersin? Kaç kişi esnemene, esnemeyle karşılık verdi?

NEDEN ESNEDİĞİMİZ BİR GİZEM

Ağzı aça aça esnemek sıklıkla, yorgun olmakla ya da uykusuz kalmakla bağdaştırılır. Ancak insanlar sıkıldığında, gergin hissettiğinde, acıktığında ya da yeni bir şey yapmak üzereyken de esner! Peki esnemenin bulaşıcı olduğunu biliyor muydun? Bir dahaki sefere birini esnerken gördüğünde, esnememeyi bir dene bakalım! Esneme hakkında bir şeyler okumak bile insanların esnemesine sebep olur. İddiaya girerim ki şu an sen de esniyorsun! Ne zaman esnediğimiz hakkında çok şey biliyoruz ancak tam olarak *neden* esnediğimiz, gizemini koruyor.

Nefes al

Peki esneme *tam olarak* nedir? Bir bilim insanı esnemeyi, birinin ağzını açıp ağzıyla gırtlağını esnettiği ve sonra da nefes alıp nefes verdiği bir eylem olarak tarif ederdi. Bunu yaptıktan sonra hemen ağızlarını kaparlar. Sıklıkla bu esneme, bir esneme dizisinin ilkidir; çünkü insanlar genellikle ikinciye ve üçüncüye esner (ve hatta bazen daha bile fazla). İyi bir esneme silsilesini durdurmak oldukça zor olabilir!

Bir esnemenin ortalama süresi budur. Ancak erkekler genellikle kadınlardan daha uzun süre esner. Bu kısacık **6 saniye** içinde, kalp atış hızın **%30**'a kadar yükselebilir.

Kızaran yanaklar

Pek çok hayvan esner ama sadece insanların yanakları kızarır. Bu genelde, stresli bir durumdayken ya da utandığında olur. Tenin kızarır ve sıcak basar, özellikle de yanaklarına. Ama içten içe de kızardığını biliyor muydun? Kızardığında, bedenin adrenalin üretir; bu da daha çabuk nefes alıp vermene, kalbinin daha hızlı atmasına ve damarlarının genişlemesine sebep olur. Bu işlem, mide zarına doğru kan akışını artırır; böylece onun kızarmasına neden olur!

Herkes esner

Görünen o ki herkes esner, anne karnındaki doğmamış bebekler bile! Kediler, köpekler, kuşlar ve balıklar, hepsinin esnediği bilinir. Köpekler sahiplerini gördüklerinde, genelde ağızlarını kocaman açarak esner; hatta sahibinin esnediğini duymak bile bir köpeğin esnemesine sebep olabilir!

SIRA SENDE!

Bir tenis topunu **1 dakikada 60 kez** sıkmayı dene. Her günün her dakikası kalbin bu kadar sıkı çalışıyor işte.

KALBİN HAYATIN BOYUNCA ÜÇ MİLYARDAN FAZLA ATAR

Vücudunda çok ama çok fazla kas vardır ancak bu kaslar içinde en önemlisi, çok çalışan kalbindir. Kalp hiç durmadan atar, oksijen açısından zengin olan kanı tüm vücuduna pompalar. Üstelik tüm bunları senin düşünmene gerek kalmadan, kendi kendine yapar!

Sen dinlenirken kalbin yaklaşık olarak, **dakikada 60** ila **100 kez** atar. Spor yaparken, kalbin neredeyse **dakikada 80 kez** atar, bu da saatte **4.800** atıştır. Yani bir gün içinde yaklaşık **115.200 kez** atar. Tüm bir yıl boyunca da **42.048.000 kalp atışı** eder! Bu yüzden, **80 yaşına** dek yaşarsan, muhtemelen kalbin **3.363.840.000 kez** atmış olacaktır!

150.000

Bu, vücudundaki kan damarlarının kilometre cinsinden toplam uzunluğudur. Tüm atar damarların, kılcal damarların ve toplar damarların uç uca ip gibi uzansa, dünyanın etrafını neredeyse **4 kez** dönmeye yetecek kadar uzun olurdu!

75 TRİLYON

Bu, vücudunda, kalbinden kan tedarik eden hücrelerin sayısıdır. Sadece gözünün şeffaf, koruyucu dış katmanı olan kornea kan tedariğine ihtiyaç duymaz.

Bir tenis topu sana, kalbinin vücuduna kan sağlamak için ne çok çalıştığını gösterebilir. Bir tenis topunu tek elle sıktığında uyguladığın kuvvet miktarı, kalbinin kasılıp kanı vücuduna pompalaması için gereken kuvvetle aynıdır.

7.500

Bu, kalbinin, hayatta kalabilmen için ihtiyaç duyduğun oksijen ve besin maddelerini organlarına ve dokularına ulaştırmak üzere tüm vücuduna günlük yaklaşık olarak pompalayabildiği kanın litre cinsinden değeridir.

Güm güm

Kalbinin kendi elektriksel vuruları vardır. Yani kalbin bedeninden ayrılacak olsa bile eğer yeterli oksijene sahipse, bir süre daha atmaya devam eder.

Tek yürek olmak

Koroda şarkı söyleyenler sadece sesleriyle değil, kalp atışlarıyla da birbirleriyle uyum içindedir! Koro şarkıcıları birlikte şarkı söylerken, kalp atışları aynı oranda hızlanır ve yavaşlar; hızla senkronize olurlar ve kalpleri aynı ritimle atar.

KOŞARAK HER HA

VANI GEÇEBİLİRİZ

Belki koşup nefes nefese kaldıktan sonra böyle hissetmiyorsundur; oysaki sen koşmak için dünyaya geldin! İnsanlar, bu gezegendeki diğer tüm hayvanlardan daha iyi koşabilecek şekilde evrildi, elbette söz konusu uzun mesafe koşusuysa... İnsanlar atları, aslanları ve hatta dünyadaki en hızlı kara hayvanı olan çitaları bile koşarak geçebilir. Biz en hızlısı değilsek bile (yalnızca iki ayağa sahip olmak, dört ayaklı dostlarımızla kıyaslanınca daima büyük bir dezavantaj) en çok mesafe katedenleriz!

Terini at

Peki biz nasıl böyle destansı uzun mesafe koşucuları olduk? Terimiz sayesinde! Vücutlarımızı kaplayan **2** ila **4 milyon** ter gözeneği vardır, böylece koşarken kendimizi serinletebiliriz. Elbette baştan ayağa kalın bir kürkle kaplı olmamak da büyük bir avantaj!

Galler'deki Llanwrtyd Wells kasabası yaklaşık **40 yıldır** her yıl **insanların atlara karşı yarıştığı 35 kilometrelik bir yarış** düzenliyor. Sıradan insanlar sıklıkla yarıştaki atların çoğunu yenebiliyor, özellikle de insanların ısıyı üzerlerinden daha iyi atabildikleri daha sıcak günlerde.

Düş peşine

Atalarımız, antiloplar ve ceylanlar gibi kendilerinden çok daha hızlı avların peşine düşebilmek için koşma yeteneği geliştirdi. Zaman içinde, uzun mesafeler boyunca, av hararetlenene veya tuzağa düşene dek, avımızı takip etmemizi sağlayan evrimsel bir üstünlük geliştirdik. Yemek saati!

İNSANLAR SUALTINDAKİ YAŞAMA UYUM SAĞLIYOR

Biz insanlar suyun üstünde, karada yaşamaya meyilliyizdir ve sualtında nefesini tuttuğunda bunun sebebini hiç şüphesiz anlarsın. Ama bu meydan okuyucu nefesini tutma deneyimi, her insan için aynı değildir; bazılarımız sualtında geçirilecek bir hayata uyum sağlar. **Güneydoğu Asya**'daki **Bajau topluluğu**, kalp atışlarını **dakikada 30 atışa** kadar düşürebilir, rahatlıkla **70 metre** derinliğe dalabilir ve avlanırken denizin altında **13 dakika** kalabilir. Bajau halkı sıklıkla iş günlerinin **%60** kadarını sualtında geçirir! Üstüne üstlük, kanlarında daha fazla oksijen bulunmasına elveren, sualtında nefes alma ihtiyaçlarını azaltacak daha büyük dalaklar geliştirdiler.

24 DAKİKA

Bu, bir insanın sualtında nefesini tuttuğu en uzun süredir. Bu başarı elbette oksijen destekliydi, yani sualtına girmeden önce bir tanktan saf oksijen soluyarak ve ciğerleri tam kapasite doldurarak elde edildi.

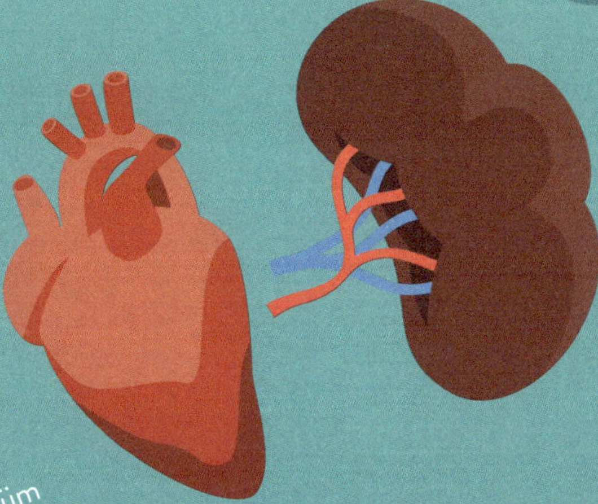

Balıklama dal

İlginç ama insanlar nefesini sualtında, karada tutabildiğinden daha uzun süre tutabilir. Sualtındayken, vücudumuz **dalış tepkisi** denen bir şeyi harekete geçirir. Bu, kalp atış hızının yavaşladığı, kan damarlarının daraldığı ve dalağının büzüldüğü andır. Tüm bu tepkiler, oksijenin azaldığında sana enerji tasarrufu sağlamak için tasarlanmıştır.

Pestili çıkmak

Yeterince uzun süre banyoda ya da havuzda kaldıysan, el ve ayak parmaklarındaki derinin kuru erik gibi büzüştüğünü fark etmişsindir. Bu buruşuk el ve ayak parmaklarının sebebinin, tıpkı bir lastik tırtılı gibi, biz sualtındayken ıslak nesneler üzerindeki tutuşumuzu geliştirmek olduğuna inanılır.

ZİHNİN BEDENİNİ İYİLEŞTİREBİLİR

Kendini iyi hissetmeyip doktora gittiğinde, sıklıkla sana iyileşmende yardımcı olacak ilaçlar yazılır. İlaçlar genellikle işe yarar; ancak daha önce hiç **plasebo etkisini** duydun mu? Bazen gerçek ilaç yerine, doktorlar hastalarına haberleri olmaksızın sahte ilaç verebilir. Ancak endişelenme, doktorlar bunu sadece belli durumlarda ve birçok araştırmadan sonra yapar. Bu insanların çoğu, durumlarında gerçek bir iyileşme görür; ancak herkes bu tedaviye farklı yanıt verir. Sahte ilaca **plasebo** denir, bu yönteme tam da bu yüzden **plasebo etkisi** diyoruz. İyileşmenin, bir hastanın plasebonun kendisine yardımcı olacağı beklentisinden geldiğine inanılır. Görünüşe göre tedavinin sana yardımcı olacağına dair inancın ne kadar fazlaysa, olumlu bir değişim deneyimleme şansın o kadar fazla.

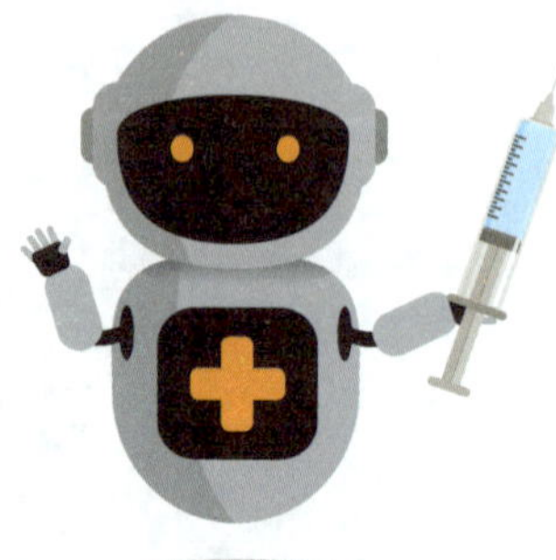

Büyük bir zevkle

Plasebolar, fiziksel acı çekiyorsan çok işe yarar. Çünkü ağrıyı azaltmak ve zevk duygusunu artırmak için beyninin **endorfin** ve **dopamin** adı verilen hormonları salgılamasını sağlayıp seni rahatlatabilir.

Ölçmek için

Doktorlar seni kandırmaya çalışmak yerine, yeni bir ilacın veya tedavinin tıbbi bir durum üzerinde nasıl bir etkisi olabileceğini daha iyi anlamalarına yardımcı olmak için plaseboları kullanır. Plasebolar sıklıkla **klinik deneylerde** kullanılır; bu deneylerde bazı gruplara plasebo verilirken diğerlerine yeni ilaç verilir. Daha sonra plasebo ve yeni ilacın etkileri ölçülür; bu etkiler, doktorların çalışmalarına yardımcı olur.

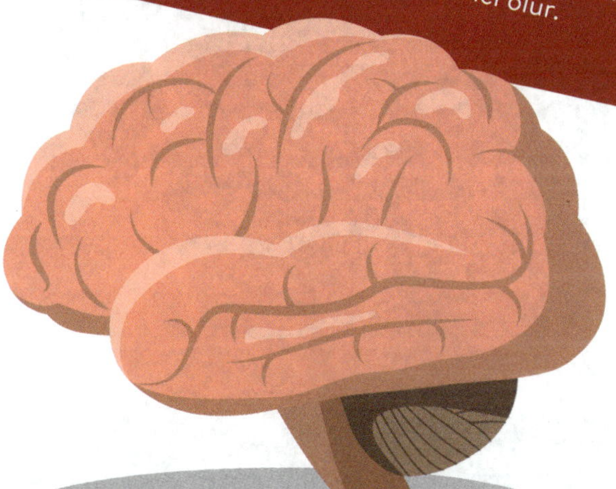

Zihin maddeden üstündür

Bilim insanları plasebo etkisinin nasıl işlediğini belirleyemiyor; ancak neye sebep olduğunu biliyorlar. Plasebo etkisi bize, zihnimizin bedenlerimiz üzerindeki kontrolünün hayal edebileceğimizden de güçlü olduğunu gösteriyor.

Şeker gibi tatlı

Plasebolar sıklıkla şeker hapı, tuzlu su çözeltisi ya da arıtılmış su gibi yardımcı maddelerden yapılır.

KARANLIKTA PARLARIZ

Sanki başka bir gezegenden gelmiş gibi görünen ateşböcekleri, denizanaları, kandil böcekleri ve ürkütücü görünümlü derin deniz canlıları, Dünya üzerindeki bazı meşhur ışık yayan canlılardan birkaçıdır. Ancak sen dahil neredeyse tüm canlı varlıkların az da olsa ışık yaydığını biliyor muydun? Tam şu an parlıyorsun; belki çok soluk bir parıltı, yine de kesinlikle bir parıltı!

Vücutlarımızın içinde yaşanan kimyasal tepkimelerle enerji açığa çıkar ve ısı yayılır. Bu kimyasal tepkimeler aynı zamanda az miktarda **foton**, yani **ışığın temel parçacığını** üretir. Bu tepkime yüzünden vücudun küçük bir parıltı yayar; parıltının yoğunluğuysa gün boyu artar ve azalır. Parıltının en yoğun olduğu zaman öğleden sonra, en yoğun olduğu yer ise yüzünün alt kısmıdır. Ne yazık ki parıltımızı çıplak gözle göremeyiz çünkü gözlerimizin algılayabildiği ışık seviyesinden **1.000 kat** daha az yoğundur. Yine de bilim insanları, parıltımızı görebilmek için özel ve hassas bir kamera kullanır!

Peynir de

Parıltını yakalamak için gerekli olan kamera süper hassastır. Işığı tek bir foton seviyesinde algılayabilir ve hiç ışık geçirmeyen, **-120°C** derecedeki bir odada çekim yapması gerekir. Filme alınan kişi temiz, çıplak ve tamamen karanlıkta olmalıdır. Bu oldukça zor bir fotoğraf çekimi doğrusu!

Öğleden sonranın güzelliği

Vücudunun parıltısı günün farklı saatlerinde değişir. Parıltının en zayıf olduğu saat **10.00**'dur, zirve yaptığı saat ise **16.00**. Zirvenin ardından parıltımız kademeli bir şekilde azalır, bunun sebebiyse parıltımızın vücut saatimize ve ritimlerimize bağlı olmasıdır.

İlk izlenim

Yüzün, özellikle de ağzın ve yanakların, vücudun geri kalanına kıyasla çok daha fazla parlar. Bilim insanları bunun, yüzlerimizin güneş ışığına daha fazla maruz kalmasından ve bu yüzden de bedeninin geri kalanından daha fazla bronzlaşmaya meyilli olmasından kaynaklandığını düşünüyor. **Melanin**, yani ten rengini oluşturan pigment, vücudunun minik parıltısını artırabilecek floresan bileşenlerine sahiptir.

DÜNYADAKİ İNSANLARIN SADECE ÜÇTE BİRİ KEYİFLE SÜT İÇEBİLİYOR

İçtiğin bir bardak soğuk sütün yanında kurabiye yemekten keyif alıyorsan, o zaman çok şanslısın; çünkü insanların üçte biri süt ürünlerini sindiremez! Süt içememen ve süt ürünlerini sindirememen, **laktoz hassasiyetin** olduğu anlamına gelir; bu, sütte bulunan ana şeker olan **laktozu** sindiremediğinde olur. Çoğu insan 2 ila 5 yaş arasında bu şekeri sindirme yetisini kaybeder ve aksini denerse, sonuçları fazlasıyla rahatsız edici olabilir: gaz, şişkinlik, kramplar ve ishal. Ama dünyanın üçte ikisi laktoz hassasiyetine sahip olduğundan, belki de bu durumu bir hastalık olarak nitelendirmeye son vermeli ve süt içmenin normal olmadığını varsaymalıyız!

Sütün tadını çıkarmak

İsveç ve Finlandiya'da yaşayan insanlar laktoza karşı süper toleranslıdır: İsveçliler **%74**, Finler ise **%82** oranında!

Farklılıklarla dolu bir dünya

Laktoz hassasiyetine en çok rastlanan ülkeler ve bölgeler arasında oldukça büyük farklılıklar vardır. Kuzey Avrupa'da oranlar **%5**'e kadar düşebilirken, Asya'da oranlar **%90**'a kadar çıkabilmektedir. Amerika'da **40 milyon insanın** bir tür laktoz hassasiyetinden mustarip olduğu tahmin edilmektedir!

Dünyanın farklı bölgelerindeki laktoz hassasiyetine dair ortalama değerler

BEYNİMİZ BURNUMUZU GÖRMEZDEN GELİR

Aynanın karşısında yüzüne baktığında, fark edeceğin ilk şeylerden biri burnun olur. Kendinden memnun bir şekilde tam ortada konumlanan burnun, yüzünün en dikkat çekici kısımlarından biridir. Yine de aynaya sırtımızı döndüğümüzde, artık burnumuzu görmeyiz; üstelik tam da görüş alanımızda olmasına rağmen!

Burnumuz ortadan kaybolur çünkü beynimiz onu görmezden gelir. Beynin burnunu görüş alanından dışarı akıllıca filtreler çünkü hayatını sürdürmek için, onu daimi olarak görmen gerekli değildir!

Göz göze

Burnun her iki gözünün görüş alanının bir kısmını engeller. Beynin, gözünün engellenmemiş kısmı aracılığıyla gördüklerinden aldığı bilgiyi akıllıca işler ve bütün bir resim oluşturur. Zekice!

Diğer yandan

Burnunu fark etmemenin bir diğer sebebi, gözlerine çok yakın olmasının yanı sıra, yan görüşünde olması; böylece, uzaktaki şeylere baktığında burnun odak dışı kalır.

Geçmişe bak

Beyninin filtrelediği şey sadece burnun değil; şu anda senin için gözünün önünden kaldırılan daha başka bir sürü görsel bilgi var. Örneğin, gözlük takıyorsan muhtemelen bunun farkında bile değilsindir! Beynin bu gereksiz bilgiyi filtrelemeseydi, duyusal girdiye boğulurdun.

SIRA SENDE!

Tam şu an burnunu görebilirsin. Bir gözünü kapat, burnun birdenbire gözünün açık olduğu tarafta belirecek. Şimdi diğer gözünü kapat, aynı şey diğer tarafta da olacak! Her iki gözünü birden tekrar açtığında burnun anında kaybolacak. Ta-daaa!

BAĞIRSAĞINDAKİ MİKROPLAR,

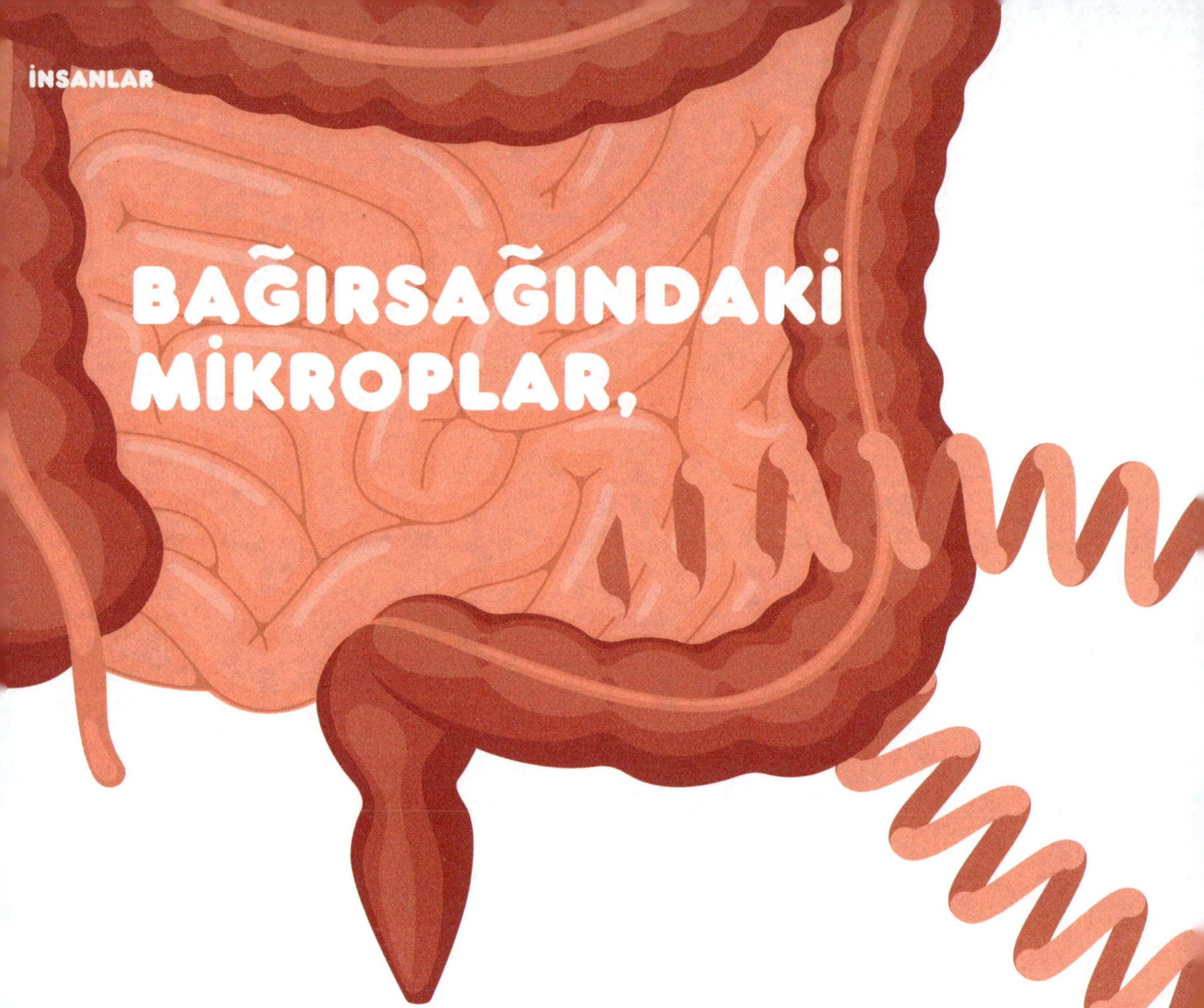

Kendi başınayken bile, asla gerçekten yalnız değilsin. Belki kulağa tuhaf geliyor ama gerek içinde gerek dışında, bedenin **trilyonlarca bakteriye, virüse, mantara** ve **mikrop** adı verilen başka minik organizmalara ev sahipliği yapar. Bu minik canlılardan içimizde o kadar çok var ki insan hücrelerimizden sayıca üstünler!

Bu mikroskobik canlılar, sağlığını korumanda büyük bir rol oynar; bağışıklık sistemine yardımcı olur, hücrelerine besin akışı sağlar ve diğer zararlı bakteriler ile virüslerin vücudunu ele geçirmesine engel olurlar. Bu minik canlıların neredeyse hepsi senin bağırsağını yuvası olarak görür ve oradan, beyninle doğrudan iletişim kurar. Hâlâ tam olarak ne söylediklerini bilmiyoruz ama bu her neyse, senin davranışlarını ve zihinsel sağlığını etkileyerek beynine doğrudan tesir eder. Yok artık!

10 TRİLYON

Bu, bağırsağında yaşayan toplam mikrop sayısıdır!

200 GR

Senin bağırsağını yuvası olarak gören tüm mikropların toplam ağırlığı.

Kıvır kıvır

Bağırsaklarımız içimize kıvrıla kıvrıla yerleşmiştir ve yaklaşık **32 metrekarelik** bir yüzey alanına sahiptir. Yani küçük bir daireyle aynı büyüklüktedir!

%95

Bu, ağzından popona dek uzanan bağırsağında yaşayan mikrobiyom yüzdesidir.

Fareler ve insanlar

Bilim insanları, bağırsak mikrobiyomun ve beynin arasındaki bağlantıyı ilk olarak, özellikle fareler üzerinde yapılan çalışmalarla keşfetti. Bugün aynı şekilde, tüylü arkadaşlarımız üzerinde araştırmalarına devam ediyorlar.

Beyin kutusu

Tüm bu inanılmaz mikroplara ev sahipliği yapmanın yanı sıra, bağırsakların senin için ikinci bir beyin görevini görür ve içindeki **100 milyon nöron** sayesinde kendi adına düşünebilir. Beyninin söylemesine gerek kalmadan, yiyecekleri anında sindirir. Diğer organlarının hiçbiri, hatta süper güçlü kalbin bile bunu yapamaz.

BEYNİNLE KONUŞUR

DÜ

DÜNYA GİTGİDE YAVAŞLIYOR

Gezegenimiz sürekli döner. Bununla ilgili ufak bir hatırlatmaya ihtiyacın olursa Güneş'i, gökyüzündeki konumunu değiştirirken izleyebilirsin; aslında Güneş sabittir, dönen biziz! Dünya kendi ekseninde sürekli döner ve her **23 saat 56 dakikada** bir tam dönüş yapar. Akıl almaz bir şekilde Dünya üzerinde yaşayanlar (biz dahil) bu dönüşü hiç hissetmez çünkü etrafımızdaki her şey (Dünya'nın atmosferi dahil) döner! Eğer Dünya aniden kozmik bir fren yaparsa, çok kısa sürede bunun ayırdına varırız; çünkü bu durumda atmosfer orijinal hızında hareket etmeye devam edecek ve gezegenin yüzeyini silip süpürecektir.

Tüm bu bilgilerden anladığımız o ki Dünya'nın yavaşlaması biraz endişe verici. Ama paniğe gerek yok çünkü yavaşlama oranı çok az; Ay ve gelgitleri sayesinde. Neredeyse her **100 yılda** bir, günler yaklaşık **1,4 milisaniye** (ya da **saniyenin 1,4 binde biri**) kadar uzuyor. Neyse ki henüz saatlerini değiştirmene gerek yok!

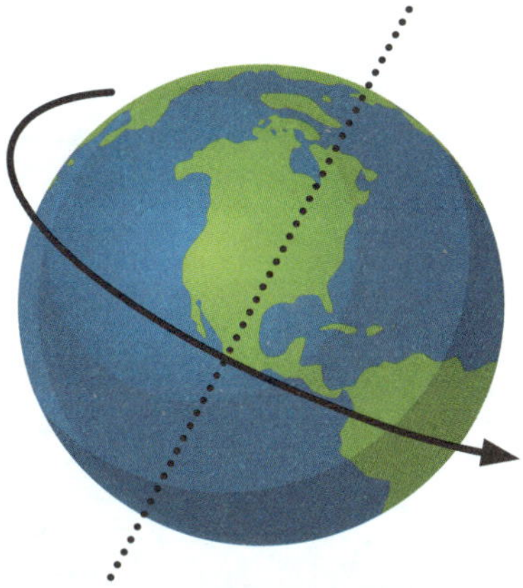

SAATTE 1.670 KİLOMETRE

Dünya'nın ekvatordaki ekseninde dönme hızı.

SAATTE 107.226 KİLOMETRE

Dünya'nın Güneş'in yörüngesinde dönme hızı.

Güneş ve Güneş Sistemi, Dünya'nın yörüngesi esas alındığında her ne kadar sabit gibi görünseler de aslında **saatte 720.000 kilometre** hızla hareket edip Samanyolu Galaksi'sinin merkezi etrafında yol alırlar. Ancak bu inanılmaz hızda bile tüm galaksiyi dolaşması yaklaşık **230 milyon yıl** sürer. Bu uzun bir yolculuk!

Ağırkanlı

Dünya'nın yavaşlaması kademeli olabilir; ancak tüm o günleri ve yılları toplarsanız, büyük bir fark yaratabilir. Dinozorların zamanında Dünya, bir dönüşünü sadece **23 saatte** tamamlıyordu; o günden bugüne koca **56 dakika** ekledik!

Yamru yumru

Kutuplardan düz, ortadan şişkin olmasının yanı sıra Dünya oldukça yamru yumrudur! Ay'ın yerçekimi Dünya'nın şekli üzerinde rol oynar, kıtaların ve okyanusların şeklini bozar.

4,5 MİLYAR YAŞINDA

Dünya çok ama çok yaşlı bir gezegen ve ne kadar yaşlı olduğunu hesaplamanın oldukça zor olduğu kanıtlandı; nihayetinde gezegenlerin doğum belgesi yok! Dünya'nın yaşını hesaplamak için bilim insanları, yerkürenin kabuğundaki kayaların yanı sıra Ay'dan gelen kayaları ve yeryüzüne iniş yapan çeşitli meteorları tarihlendirdi. Bundan yola çıkarak gezegenimizin yaşının **4,543 milyar** olduğunu hesapladılar.

DÜNYA YUVARLAK DEĞİLDİR

Evet, doğru okudun, Dünya kusursuz bir şekilde yuvarlak değildir. Ne var ki bu düz olduğu anlamına da gelmiyor. Aslında Dünya bir **geoittir**, yani kutuplardan basık ve ekvatordan şişkindir. Mükemmel bir küreye çok yakın ama tam olarak değil.

Dünya döndüğü için böyle bir şekle sahiptir. Dönüş esnasında ortaya çıkan **merkezkaç kuvveti** sebebiyle gezegen ekvatordan şişer, tıpkı birinin çevirerek pizza tabanı yapması gibi. Kütle dışa doğru itilir ve dönüş ekseni boyunca düzleşir.

Dünya'nın şekli gereği, ekvatorda deniz seviyesinde durursan, Kuzey ve Güney kutuplarında duran birine kıyasla, Dünya'nın merkezinden **21 kilometre** daha uzakta olursun.

Mor yama

Dünya, bugün tanımladığımız haliyle, mavi ve yeşildir. Ama bilim insanları gezegenin milyonlarca yıl önce parlak mor renkte olabileceğini düşünüyor! Belki de kadim mikroplar Güneş'ten farklı bir yöntemle enerji elde etmiş, bu da gezegenin menekşe renginde görünmesine sebep olmuştu.

İşin aslı

Hiç kimse Earth (Dünya) ismini kimin koyduğunu bilmez. Bildiğimiz şu ki bu isim, her ikisi de **"yer"** anlamını taşıyan İngilizce **"eor(th)e/ertha"** ve Almanca **"erde"** kelimelerinin birleşiminden meydana gelir. Güneş Sistemi'mizde, ismini bir Yunan ya da Roma tanrısı veya tanrıçasından almayan tek gezegendir Dünya.

DÜNYA ÜZERİNDE ÜÇ TRİLYON AĞAÇ VAR

Üç ya da iki tanesini görmek için çok da uzağa bakman gerekmez. Ağaçlar her yerdedir, büyük şehirlerin merkezleri gibi hiç beklenmedik yerlerde bile. Her gün gördüğümüz ağaçlar aslında 3 trilyonluk kocaman bir ailenin parçası, toplamda **3.041 trilyon** ağaç. Yani Dünya üzerinde yaşayan her bir insana **400 ağaçtan** fazla düşer! Ne var ki varoluşlarının sebebi yalnızca güzel görünmeleri değil. Su filtrelemek, hava kirliliğiyle savaşmak ve atmosferimizdeki karbon fazlalığını önlemek için çok sıkı çalışırlar. Tüm bu sıkı çalışmanın yanı sıra ağaçlar; böcekler, örümcekler, amfibiler, sürüngenler, kuşlar ve memeliler dahil olmak üzere birçok farklı hayvan için kalıcı barınak sağlar. Her biri birer tür olarak ağaçlar, **370 milyon yıldır** Dünya'yı yuvaları olarak adlandırıyor ve bazıları birkaç bin yaşında! Dünya üzerindeki hiçbir canlı bir ağaç kadar uzun yaşamaz.

Uzun hikâye

Dünya **4,5 milyar yaşındadır** ama ömrünün **%90'ında** henüz ağaçlar yoktu bile! Ağaçlar yerine **8 metre** uzunluğa ulaşabilen devasa mantarlar vardı!

EN YAŞLI AĞAÇ 9.550 YAŞINDADIR

İsveç, dünyanın en yaşlı ağacına ev sahipliği yapar: **İhtiyar Tjikko** isimli bir **Avrupa ladini**. Gelgelelim bu bir **klonal ağaçtır**, yani tekil bir ağaç değildir; **binlerce yıl** boyunca gövdesi, dalları ve kökleri yenilenmiştir. En yaşlı bireysel ağaç, Rocky Dağları'ndadır ve **5.062 yaşındaki bristlecone çamıdır**.

Yaşayan en yaşlı ağaç hem **Stonehenge**'den hem de **Büyük Piramit**'ten yüzlerce yıl daha yaşlıdır! Dünya üzerinde yaşayan en yaşlı organizmadır.

Ateş halkası

Bize bir ağacın yaşını söyleyen, halkalarıdır; ancak halkaların sırrı bu kadarla sınırlı değil! Bu halkalar bize ayrıca Dünya'daki iklimin geçmişte nasıl olduğunu ve hatta yanardağların ne zaman patladığını söyleyebilir.

Konuşmak iyidir

Ağaçlar birbirleriyle konuşur. Toprak mantarlarından oluşan bir yeraltı ağı aracılığıyla besinleri paylaşır, ayrıca hava yoluyla kimyasal sinyaller yollayarak olası bir böcek saldırısı hakkında birbirlerini uyarabilirler.

DİNOZORLARIN İÇTİĞİ SUYUN AYNISINI İÇİYORUZ

Bir dahaki sefere bir bardak soğuk suyu kana kana içerken bir an için dur ve **65 milyon yıl önce** dinozorların da aynı suyu içtiği gerçeğini düşün. Günümüzde Dünya üzerinde bulunan su, geçmiştekinin neredeyse aynısıdır; **4 milyarı** aşkın süredir geri dönüşür! Su, daimi bir hareketle Dünya'yı dolaşır; sonsuz bir döngü içinde okyanuslardan atmosfere ve yeryüzüne tekrar tekrar döner. Bu döngü ilk başladığından beri, yeni bir su oluşmadığına ve sadece çok küçük bir miktarın uzayda buharlaştığına inanılır. Suyumuz uzun zamandır bizimle ve uzun süre bir daha bizimle olmaya devam edecek.

Dış uzaydan geldi

Dünya üzerindeki su buraya **4,5 milyar yıl önce** asteroitler ve kuyrukluyıldızlarla geldi.

Yer gök su

Dünya yüzeyinin neredeyse **%71**'i suyla kaplıdır. Dünya'daki tüm suyu alıp bir topun içine koyarsan, top yaklaşık **1.384 kilometre genişliğinde** olur.

Can suyu

Ortalama bir insan her yıl yaklaşık **1.000 litre** su içer. Koca bir ay boyunca yemek yemeden hayatta kalabilirsin ama su içmeden sadece bir hafta yaşarsın.

Birazcık tuzlu

İnsanlar Dünya'daki tüm suyun yalnızca **%1**'ini içebilir; **%97**'si tuzlu ya da içilemezdir. Geriye kalan **%2**'siyse buzullarda sabittir.

DÜNYA ÜZERİNDE BİR YER VAR Kİ ULUSLARARASI UZAY İSTASYONU'NA (UUİ) KARAYA OLDUĞUNDAN DAHA YAKIN

Güney Pasifik Okyanusu'nda, kelimenin tam anlamıyla hiçliğin tam ortasında bir nokta var. Buraya **Nemo* Noktası** denir ve okyanus üzerinde karadan en uzak konumdaki noktadır, detaylandırmak gerekirse **2.688 kilometre uzaklıkta**. Tatillerde gitmek isteyeceğin türden bir yer değil çünkü burada karadan eser yok, her yer deniz ve sudan ibaret!

Uluslararası Uzay İstasyonu (UUİ), Dünya etrafındaki **15 günlük yörüngelerinden** birinde, direkt olarak Nemo Noktası'nın ortalama **400 kilometre** üstünden geçer. Bu da demek oluyor ki böyle zamanlarda UUİ Nemo Noktası'na, Nemo Noktası'nın karaya olduğundan daha yakındır!

Gece vardiyası

Uzak konumu Nemo Noktası'nı, uzay çöplerinden kurtulmak için ideal bir yer kılar. Yüzlerce Sovyet ve Rus uzay araçları parçaları ile Japon ve Avrupa uydularının hepsi Nemo Noktası'ndaki sulara gömülü. Bu yalnız noktaya boşuna **"Uzay Mekiği Mezarlığı"** demiyorlar.

Herkesten uzak

Nemo Noktası **48°52.6' Güney** ve **123°23.6' Batı** koordinatlarında yer almaktadır. Burası Güney Pasifik Okyanusu'nda inanılmaz derecede ıssız bir alandır. Kuzeyinde küçük, üstünde kimselerin yaşamadığı bir atol** olan **Ducie Adası** vardır. Kuzeydoğusunda **Motu Nui** vardır, Easter Adası'nın hemen güneyindeki üç adacıktan en büyüğü. Güneyindeyse Antarktika'nın bir parçası olan, karlarla kaplı **Maher Adası** vardır. Bu üç nokta arasında okyanustan başka bir şey yoktur.

Ölçüp biç

Nemo Noktası **22.405.411 kilometrekarelik** okyanusun olduğu bir alandır ve yakın tarihin en büyük ülkesi olan eski Sovyetler Birliği'nin tamamından daha büyüktür!

*Nemo (Lat.): Hiç kimse. (ç.n.)

**Ortasında derinliği değişen, lagün adı verilen bir göl bulunan mercan adası. (ç.n.)

Uğultucu

Nemo Noktası aynı zamanda **Uğultu**'ya ev sahipliği yapmaktadır. Çok yüksek ve ultra düşük frekanslı olan bu uğultu, Antarktika'daki buzların kırılma sesidir. Uğultu, şimdiye kadar kaydedilen en yüksek sualtı seslerinden biridir.

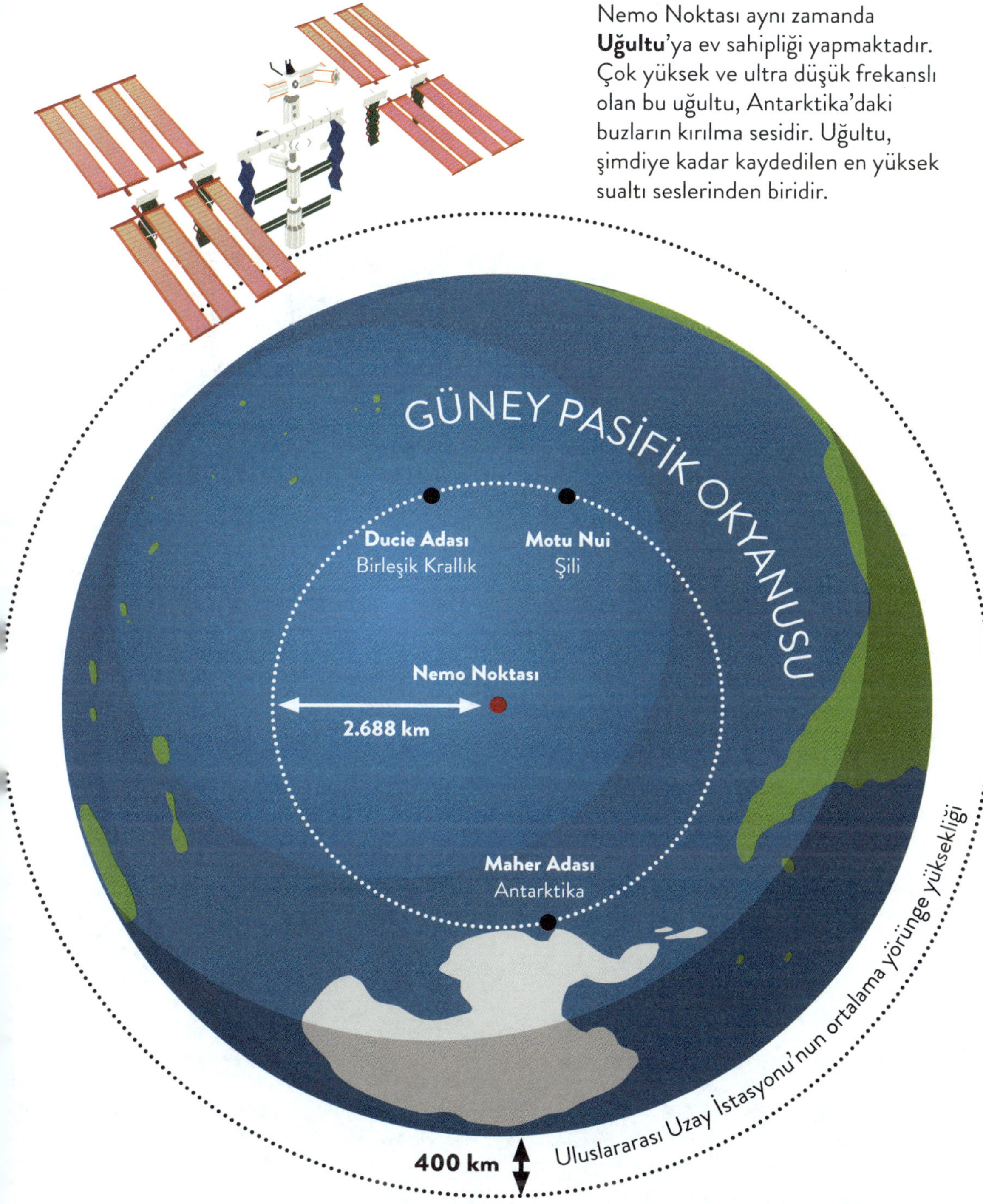

SIRA SENDE!

Kabarık bulutların mavi gökyüzünü kapladığı bir gün, kaç bulut olduğunu say ve üzerindeki bu kabarık şekillerin içinde barındırdığı suyun hacmini tahmin etmeyi dene.

POFUDUK BULUTLAR YARIM MİLYON KİLO AĞIRLIĞINDADIR

Havanın güzel olduğu bir gün çimlere sırt üstü uzandığını ve masmavi, açık gökyüzüne dağılmış pofuduk bulutları seyre daldığını hayal et. Bulutlar bir an dondurmaya benzerken, diğerinde bir yüze ya da bir hayvana benzerler. Gökyüzüne dağılan bu küçük, bembeyaz bulutlar, hafif ve pofuduk görünseler de aslında fazlasıyla ağırdır! Bunlara **kümülüs bulutları** denir ve ortalama ağırlıkları **500.000 kilogramdır!**

Kümülüs bulutlarının yanı sıra (ince ve ufacık) **sirüs bulutları**, (gökyüzünde büyük, gri bir örtü oluşturan) **stratus bulutları** ve **nimbus bulutları** (fırtına sırasında gördüğün kara bulutlar) da vardır.

Şekil değiştirici

Kümülüs bulutlarının tüm bu harika şekil değişimlerinin sebebi, etraflarını saran havadır. Bulutlar, sürekli değişen hava sıcaklıklarından etkilenir. Hava rüzgârlı olduğunda bulutlar itilir ve çekilir; bu da olağanüstü çeşitlilikteki şekillere sebep olur.

Odadaki fil

Bir kümülüs bulutunun ağırlığını gözünde canlandırmak istersen, işte sana bir örnek: **500.000 kilogram 100 fil** ağırlığındadır!

Havada süzülmek

Bulutlar sudan oluşur ve su, havadan ağırdır. Öyleyse bulutlar havada nasıl süzülür? Çoğu bulut büyük bir miktarda sudan oluşur ancak bu su, çok çok küçük su damlacıkları veya kristalleri biçiminde, devasa bir alana yayılmıştır. Öyle küçüklerdir ki yerçekimi onları neredeyse hiç etkilemez.

AMAZON NEHRİ'NİN ÜZERİNDE HİÇ KÖPRÜ YOKTUR

Güney Amerika'daki Amazon Nehri, dünyanın en uzun nehridir. Guyana, Ekvador, Venezuela, Bolivya, Brezilya, Kolombiya ve Peru'dan geçerek **6.575 kilometrelik** uzunluğa ulaşır! Amazon, destansı bir ormanla çevrilidir, nefes kesici güzellikteki şelalelerle doludur ve dünyanın en büyük nehir yunuslarına ev sahipliği yapar. Ancak Amazon'da hiç köprü yoktur; bir tane bile! Nehrin bir kıyısından diğerine geçmek istersen, tekne kiralamalı ya da vapura atlamalısın.

Hava muhalefeti nedeniyle iptal

Yağmur sezonunda nehrin suları **10 metreye** kadar yükselir ve nehrin iki yakası arasındaki genişlik **190 kilometreye** dek ulaşabilir! Ayrıca nehir yatağı sürekli erozyona uğrar, bu da herhangi bir mühendisin burada köprü yapma düşüncesini bile kâbusa çevirmektedir.

Tanıştığıma memnun oldum

Amazon'da serinlemek için şöyle bir suya girip çıkmak istemezsin çünkü et yiyen balıklara, yani **piranalara** ev sahipliği yapar! Piranalar gruplar halinde saldırmalarıyla nam salmışlartır ve kendini suda bulan herhangi bir şansız hayvanı mideye indiriverir!

Hiçliğe giden yol

Hiç köprü olmamasının bir diğer sebebi de Amazon'un buna ihtiyaç duymamasıdır. Nehrin büyük kısmı sık ağaçlı yağmur ormanlarından geçer; burası birkaç büyük şehir dışında pek fazla insan nüfusuna sahip değildir. Dahası bu bölgede seyahat edenler, anayol olarak nehrin kendisini kullanır.

Yılan gözü

Amazon'da kaçınman gereken tek etobur, piranalar değildir; bu nehir aynı zamanda dünyanın en ağır yılanı olan yeşil anakondaya ev sahipliği yapar. Yeşil anakondalar neredeyse **10 metre** uzunluğa, yaklaşık **90** ila **115 santimetrelik** bir gövde kalınlığına ulaşabilir ve **120 kilogram** olabilir.

YILDIRIM TOPLARI EVİNE GİREBİLİR

Dünya üzerindeki tüm doğa olayları içinde, **yıldırım topu** (elektrikli uzantılara sahip, ışıldayan küçük küreler) en gizemlilerden biri olsa gerek. Elektrik yüklü bu garip toplar sıklıkla gök gürültüsünden önce ya da sonra, bazen de şimşeğin çaktığı birkaç saniye içinde ortaya çıkar; ancak normalde yıldırımla hiçbir bağlantıları yoktur. Işıldayan küre havada yürüme hızında hareket eder ve ilk belirdiği andan neredeyse **10 saniye** sonra ortadan kaybolur. Tüm bunlar kulağına yeterince fantastik gelmediyse, yıldırım toplarının kapalı ve açık pencerelerden binaların içine girdiğine ya da binaların içinde oluştuğuna dair kayıtlar mevcut. Evinin salonunda belirdiğini bir düşünsene!

Beyin yakıcı sorular

İç mekânlarda oluşan yıldırım topları hâlâ gizemini koruyor. Oluşmasına sebep olan nedir? Nasıl ve neden rüzgârın aksi yönünde hareket ederler? Bir iç mekânda ortaya çıktıklarında, nasıl oluyor da oraya zarar vermiyor gibi görünürler? Şimdilik bu soruların cevapları bulunabilmiş değil ama bir teoriye göre bu tuhaf küreler aslında yıldırım değil, sadece küre şeklinde hapsolmuş ışıktan ibaret.

İnişli çıkışlı

Yıldırım topunu evinde görmekten daha korkuncu, belki de onu bir uçakta ya da denizaltıda görmektir. Yıldırım topu birçok acayip mekânda gözlemlendi; bir uçağın ana koridoru boyunca gezindiği ve doğruca hosteslerin arasından geçtiği bile görüldü!

Çok ateşli

Havada süzülen bu parlak toplar **100 watt gücündeki bir ampul** kadar parlayabilir ve bazen bir plaj topu kadar büyük olabilir!

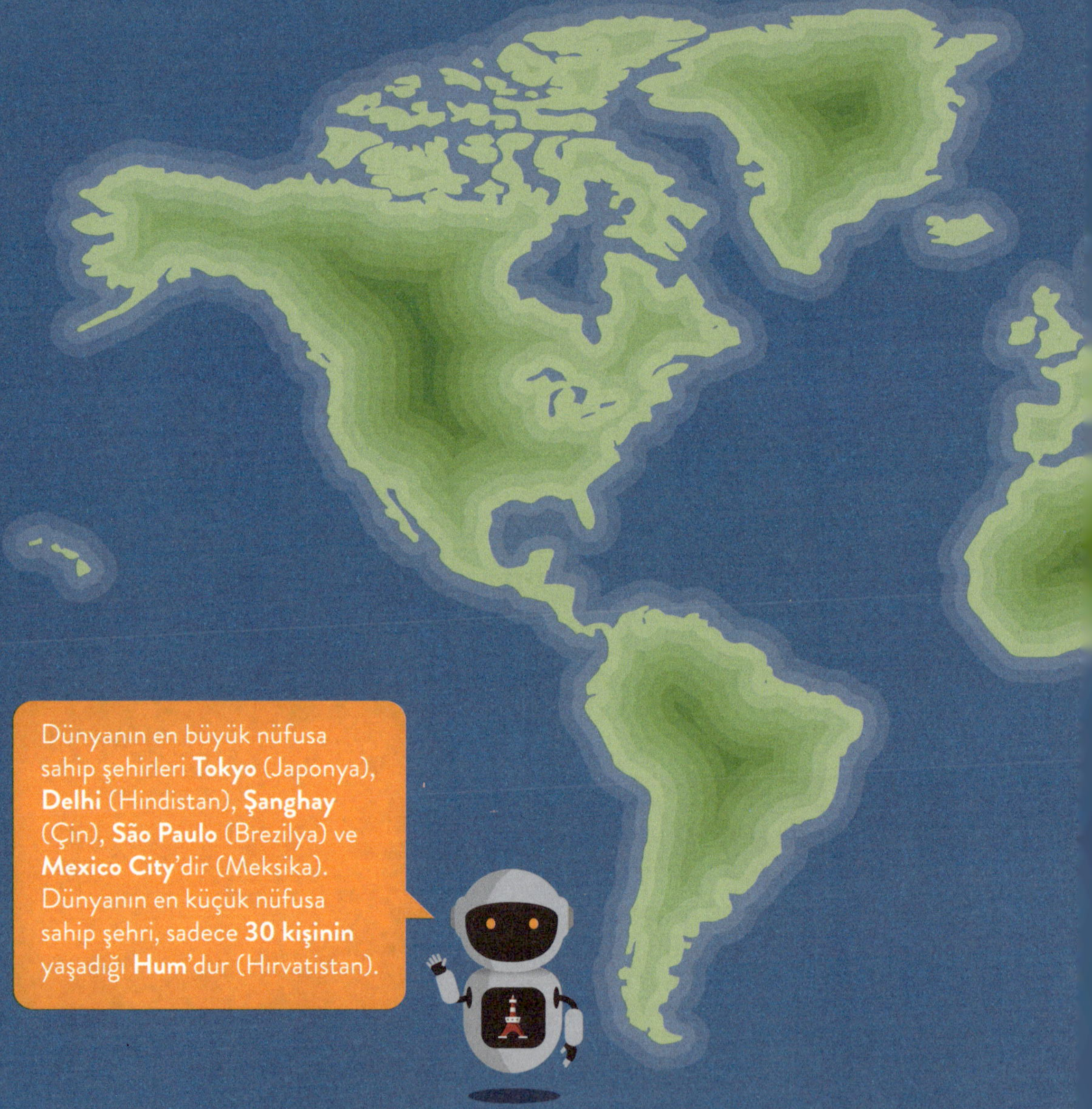

Dünyanın en büyük nüfusa sahip şehirleri **Tokyo** (Japonya), **Delhi** (Hindistan), **Şanghay** (Çin), **São Paulo** (Brezilya) ve **Mexico City**'dir (Meksika). Dünyanın en küçük nüfusa sahip şehri, sadece **30 kişinin** yaşadığı **Hum**'dur (Hırvatistan).

BU DAİRENİN İÇİNDE YAŞAYAN İNSAN SAYISI, DIŞINDAKİNDEN FAZLADIR

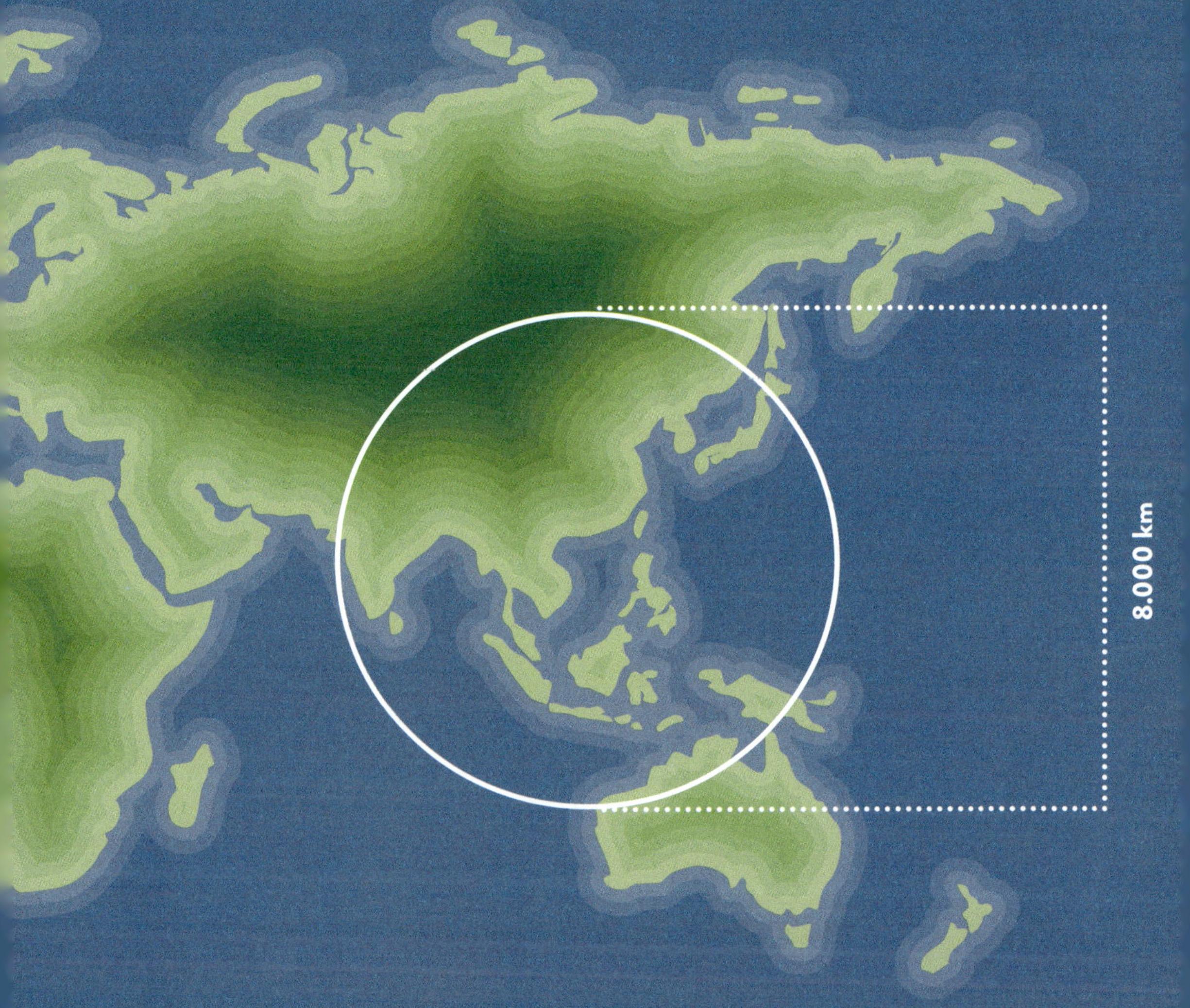

Dünya üzerinde **7,8 milyar insan** yaşıyor olabilir ama hepimiz gezegene aynı oranda dağılmış değiliz. Kıyı şeritlerine kıyasla çok daha azımız çöllerde yaşıyor ve günümüzde eskiye nazaran çok daha fazla insan şehirlere evim diyor.

İnsan nüfusunun yarısından fazlası tek bir alanda yaşar, üstelik burası yalnızca **8.000 kilometre** çapındadır! Bu dairenin içindeki **21 ülke**; **Çin, Hindistan** ve **Güneydoğu Asya** ülkelerini kapsar. Ne var ki bu daire, dünya üzerindeki toplam kara tabakasının yaklaşık **altıda birine** karşılık gelir. Meseleyi daha da ilginç kılan şu ki dünyanın en az nüfusa sahip ülkelerinden biri olan **Moğolistan** da bu dairede yer alır. Bu ülkenin büyük bir kısmı suyla kaplıdır.

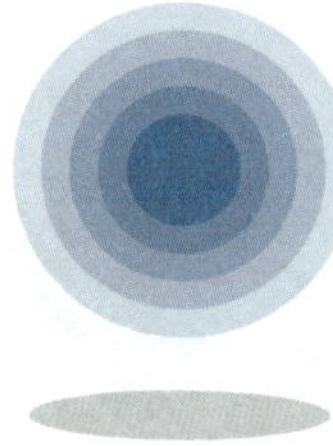

2,45 milyar yıl önce
Dünya'nın oksijence zengin atmosferi oluştu.

4,543 milyar yıl önce
Dünya oluştu.

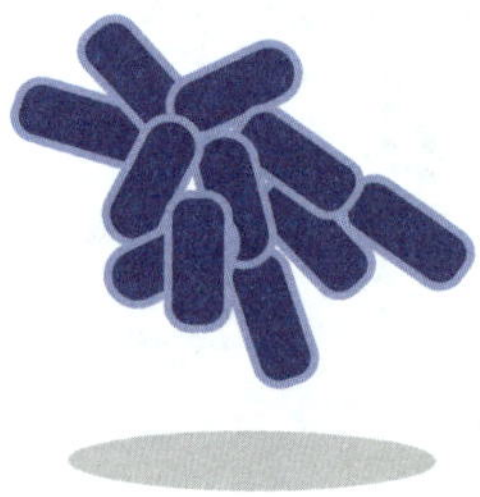

3,5 milyar yıl önce
Yaşamın en eski kanıtları, bakteri ve tekhücreli organizmalar biçiminde ortaya çıktı.

4,51 milyar yıl önce
Ay oluştu.

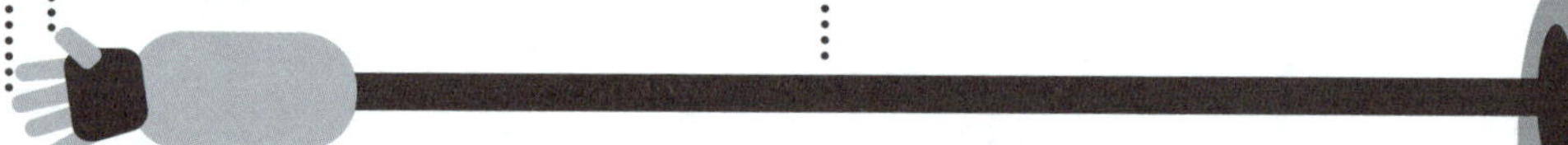

İNSANLAR DÜNYA TARİHİNİN %1'İNDEN DAHA AZ ZAMANDIR BURADA

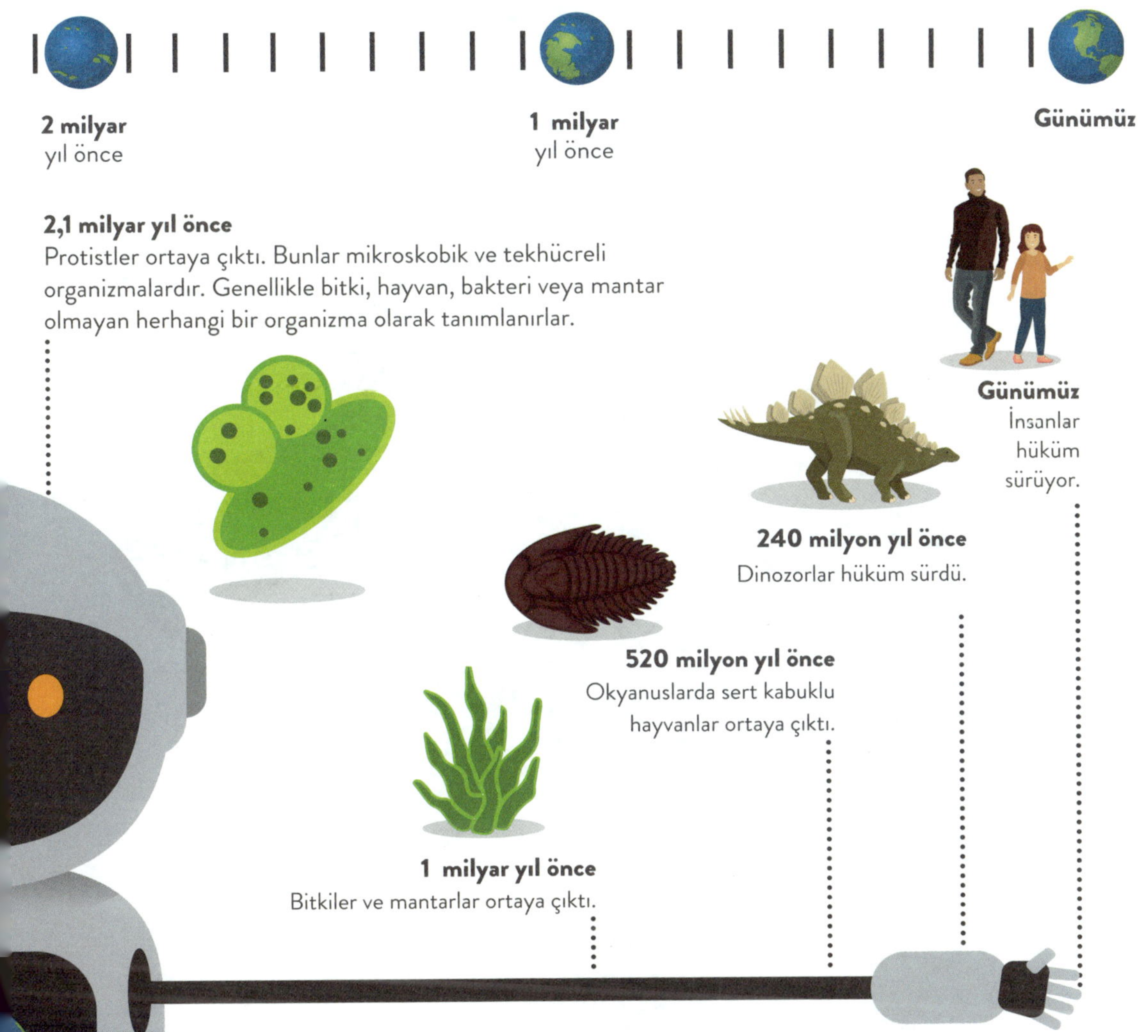

İki kolunu birden yanlara doğru kocaman açarak bir an için tüm Dünya tarihinin, her iki elinin parmak uçları arasındaki mesafeyle temsil edildiğini hayal et. Dünya'da meydana gelen her şey, oluşumu da dâhil olmak üzere, sol elinin parmak uçlarından sağ eline kadarki mesafede olmuş gibi davran.

Bu zaman çizelgesi, dinozorlara ve en nihayetinde bizlere kadar uzanan ilk ilkel tekhücreli yaşam biçimlerinin kökenini içerir! Tüm bunlar **4,543 milyar yılı** aşkın bir süre içinde gerçekleşti. Bir tırnak törpüsü alıp en uzun parmağının tırnağını törpülesen, tüm insanlık tarihini ve çok daha fazlasını yeryüzünden silersin!

DÜNYA ÜZERİNDE BUGÜNE DEK VAR OLMUŞ TÜM YAŞAMIN %99,9'UNUN ŞU AN NESLİ TÜKENMİŞ DURUMDA

Yaşam Dünya'yı sever. Günümüzde yaşam bolluğunu gezegenimizin dört bir yanında görürüz. Bitki ve hayvan kalıntılarını inceleyen **paleontologlar** uzun zamandır yeni tür keşifleriyle meşguller. Dinozorları gün yüzüne çıkarmak en zoru olmalı ama paleontologlar denemeye devam ediyor! Üstelik daima işleri başlarından aşkın çünkü şu anda hayatta olan türlerin sayısı, önceden evrimleşmiş, yaşamış ve sonra nesli tükenmiş türlerin çok küçük bir kısmını oluşturur.

Toprağı kaz

Paleontologlar çoğu türün Dünya üzerinde geçirdikleri sürenin **1 milyon** ila **11 milyon yıl** arasında olduğunu söyleyebilir. Modern insanlarsa **200.000 yıldır** buralarda.

Kimler geldi, kimler geçti

Oldukça endişe vericidir ki Dünya tarihi boyunca beş kitlesel yok oluş gerçekleşti. Görünüşe göre bir türün neslinin tükenmesinin tek sebebi yaşlanması değil.

İlki **444 milyon yıl önce**, Dünya üzerindeki tüm türlerin **%85**'i öldüğünde yaşandı. Gezegen buzla kaplanmıştı.

İkincisi **375 milyon yıl önceydi.** Yaşamın tamamının **%75**'i, oksijen sudan çekildiğinde boğuldu; bilim insanları bunun, alg çoğalmasının bir sonucu olabileceğinden şüpheleniyor.

Yaşanan en büyük yok oluş üçüncüsüydü, yaklaşık **250 milyon yıl önce.** Akıllara durgunluk verecek şekilde, Dünya'daki tüm yaşamın **%96**'sı küresel ısı yükseldikçe ve okyanuslar asitlenip durgunlaştıkça yeryüzünden silindi.

Gizemli dördüncü yok oluş **200 milyon yıl önceydi**. Bu seferki **%80**'lik yok oluşla ilgili bugüne dek belirgin bir sebep keşfedilemedi.

Dinozorları yeryüzünden silen kitlesel yok oluş, en yakın tarihli olandır; yalnızca **65 milyon yıl önce** Dünya'yı yıkıma sürüklemiştir. Bilim insanları bu yok oluşun, büyük bir asteroidin dünyaya çarpıp yaşamın **%76**'sını yok etmesiyle gerçekleştiği konusunda oldukça eminler.

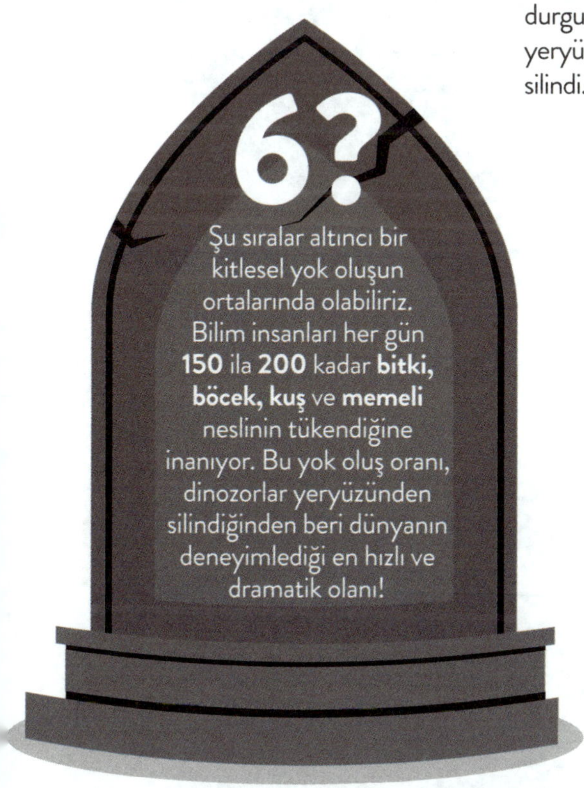

Kaybolma eylemi

İnsan eylemleri günümüzde direkt olarak yok oluşu etkiler. 1970'ten beri hayvan yaşamının **%60**'ının yok oluşuna tanıklık ettik. Dünyadaki çevre uzmanları, yaban hayatının yok edilişinin, gezegenimizin geleceğini tehdit eden bir acil durum olduğu konusunda bizleri uyarıyor.

DÜNYA BİR ELMA OLSAYDI, BİZ DİŞLERİMİZİ HENÜZ KABUĞUNA BİLE GEÇİREMEMİŞTİK

İnsanlar henüz Dünya yüzeyini pek fazla delebilmiş değiller. Dünya'yı bir elma boyutuna getirsek, kabuğu da en az bir elmanınki kadar incecik olurdu. Elma boyutundaki Dünya'mızdan büyük bir ısırık almayı bırak, henüz kabuğunu delip geçemedik bile!

Tam isabet

Dünya'nın tam ortasından bir delik geçseydi, bir ucundan diğerine düşmek **42 dakika** sürerdi. Ayrıca bu mesafeyi kat ederken hızın **saatte 28.440 kilometreye** ulaşırdı, elbette hava direncini ve aşırı ısıyı dikkate almaksızın. Vay be!

42 dakika neredeyse bir futbol maçının yarısı ya da bir televizyon dizisi kadar uzundur! Öyle uzun ki bu sürede Dünya'nın içinden düşmek biraz sıkıcı bile olabilir.

Kat kat

Dünya yekpare büyük ve sert bir kayadan meydana gelmiş gibi görünse de aslında birkaç küresel kabuktan oluşmaktadır. Dahası, bazıları sürekli hareket halindedir!

Yerkabuğu

Dünya'nın yüzeyi en ince katmanıyla kaplıdır: yerkabuğu. Yerkabuğu, Dünya'nın hacminin **%1**'inden çok daha azını oluşturmaktadır. Dünya'nın bu tabakası, okyanus tabanında yaklaşık **5 kilometre** kalınlıktan, insanların üzerinde yaşadıkları **kıtasal yerkabuğu** olarak adlandırılan karada yaklaşık **70 kilometre** kalınlığa kadar değişir.

Manto

Bu tabaka, Dünya'nın hacminin yaklaşık **%84**'ünü oluşturur. Çoğunlukla katıdır ama akışkan olmayan bir sıvı gibi davranır ve neredeyse **2.900 kilometre** kalınlığındadır.

Dış çekirdek

Bu, Dünya'nın sıvı olan tek tabakasıdır ve **2.300 kilometre** kalınlığındadır. Dış çekirdek, gezegenin hacminin yaklaşık **%15**'ini oluşturmaktadır ve Dünya'nın koruyucu manyetik alanının sorumlusudur.

İç çekirdek

Dünya'nın iç çekirdeği **1.230** ila **1.530 kilometre** arasında bir kalınlıktadır ve bu, Dünya'nın hacminin **%1**'inden azını oluşturur!

Derine kaz

Bir keresinde Sovyetler Birliği'nden bir grup insan ne kadar derin bir çukur açabileceklerini görmek için kazmaya başladı. Yaklaşık yirmi yıllık aralıksız çalışmanın ardından yalnızca **12 kilometre** derine inmeyi başardılar. Bu, gezegenin derinliğinin sadece **%0,1**'i kadardır.

MARIANA ÇUKURU'NUN DERİNLİĞİ, EVEREST DAĞI'NIN YÜKSEKLİĞİNDEN DAHA FAZLADIR

Fenerbalığı
2.000 metre

Dünya'nın yüzeyindeki en derin doğal nokta, **Mariana Çukuru**'nun dibidir. Pasifik Okyanusu'nun batısında konumlanan bu noktanın bilinen maksimum derinliği **11.034 metredir**.

Everest Dağı'nı ters çevirip bu çukurun içine yerleştirseydin, yüzeye rahatça sığar, hatta üzerinde **2 kilometreden** biraz daha fazla su mesafesi kalırdı. Bugüne dek sadece **8 kişi** Mariana Çukuru'nun dibine indi; halbuki Everest Dağı'nın tepesine tırmananların sayısı **4000**'i geçmiştir! Mariana Çukuru'nun dibine ulaşanlar arasında, oşinograf Don Walsh ve Jacques Piccard vardır; bu çukura 1960'ta, bir denizaltında inmişlerdi.

2012'de Kanadalı film yönetmeni James Cameron çukurun dibine seyahat etmiştir. Daha yakın bir tarihte de eski astronot Kathy Sullivan aynısını gerçekleştirmiştir.

Kathy Sullivan'ın inişini bu kadar dikkat çekici kılan, **25 yıl önce uzayda yürüyen** ilk Amerikalı kadın olmasıydı. Ne efsane ama!

Karanlıkta

Işık, okyanusta **1.000 metre** derinliğe dek seyahat edebilir ancak **200 metrelik** bir derinliğin ötesinde ışık iyice zayıflar; sen derine indikçe etraf kararır, güneş ışınları bu derinliğe zar zor inebilir.

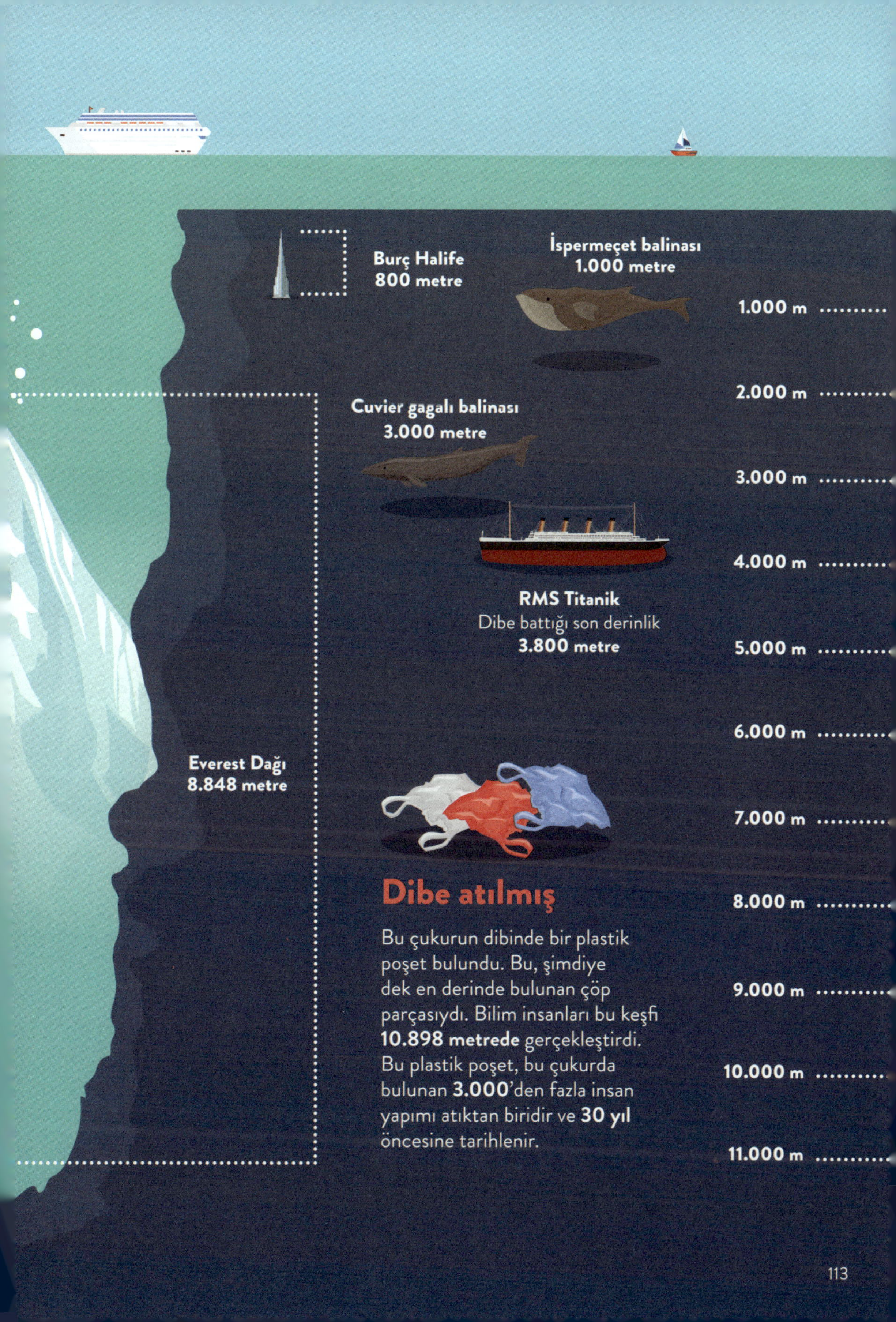

Dibe atılmış

Bu çukurun dibinde bir plastik poşet bulundu. Bu, şimdiye dek en derinde bulunan çöp parçasıydı. Bilim insanları bu keşfi **10.898 metrede** gerçekleştirdi. Bu plastik poşet, bu çukurda bulunan **3.000**'den fazla insan yapımı atıktan biridir ve **30 yıl** öncesine tarihlenir.

DÜNYA BİR ZAMANLAR DONMUŞ BİR KARTOPUYDU

Hepimiz sıcak kıyafetlere, yünlü berelere, atkılara ve hatta eldivenlere sarınmamıza sebep olan soğuk havayı iliklerimize kadar hissetmişizdir. Şimdi havanın, deneyimlediğin en soğuk havadan çok daha soğuk olduğunu ve tam **120 milyon yıl** sürdüğünü bir düşün! Bu tam da **750 milyon yıl önce** Dünya'nın başına geldi! Gezegenimiz hayatla dolup taşan ılık sularıyla tropikal bir cennetten; soğuk, çorak, buzla kaplı arazilerde uğuldayan rüzgârın eşlik ettiği, neredeyse cansız bir kartopuna dönüştü. Dondurucu!

Vahşi ve yünlü

En yakın buz devri, sadece **2,6 milyon yıl önce**, yünlü mamut popülasyonun artmasına ve Dünya üzerindeki buzulların dağılımının genişlemesine yol açtı.

Buz gibi soğuk

Bilim insanları, Dünya'nın **4,5 milyar yıllık** geçmişinde **beş büyük buz devri** yaşandığına inanır.

Huronian Buzul Çağı, Dünya tarihindeki en uzun buzul çağlarından biridir ve yaklaşık **2,4** ila **2,1 milyar yıl önce** gerçekleşmiştir.

Cryogenian Buzul Çağı 850 ila **635 milyon yıl önce** meydana geldi. Bu buzul çağı öyle soğuktu ki buz örtüleri ekvatora dek uzandı!

Andean-Saharan Buzul Çağı 460 ila **430 milyon yıl önce** yaşandı.

Karoo Buzul Çağı yaklaşık **100 milyon yıl** sürdü ve **360** ila **260 milyon yıl önce** yaşandı.

Quaternary Buzul Çağı en yakın zamanlı olandır. **2,5 milyon yıl önce** başladı ve hâlâ sürüyor! Şu an bu buzul çağının **buzullararası evresindeyiz.**

-20°C

Bu, **715 milyon yıl önce**, Dünya üzerinde bilinen en ılık yer olan Ekvator'daki ortalama sıcaklıktı. Bu, günümüzde Antarktika'daki sıcaklıkla eşdeğer!

Buzullararası evrede olmamız, Dünya'nın daha ılık küresel sıcaklıkların tadını çıkardığı anlamına geliyor. Bu evre, buzul dönemlerine (Dünya'yı kaplayan büyük buz örtülerinin olduğu zamanlara) dönmeden önce binlerce yıl sürebilir.

DÜNYA ÜZERİNDEKİ EN BÜYÜK ORGANİZMA BİR MANTARDIR

ABD'nin Oregon eyaletindeki **Malheur Ulusal Ormanı**'nda gezinen pek çok turist, dünyanın yaşayan en büyük harikalarından birinin ayaklarının altında olduğundan neyse ki bihaber. Üstelik bu bir mantar, bir *asalak* mantar. ***Armillaria ostoyae*** **9,6 kilometrekarelik** bir alandan fazlasını kaplar ve besinlerini çekmek üzere diğer organizmaları istila eder. Dahası, büyümeye devam ediyor; kendisi, dünyanın bilinen en büyük canlısı!

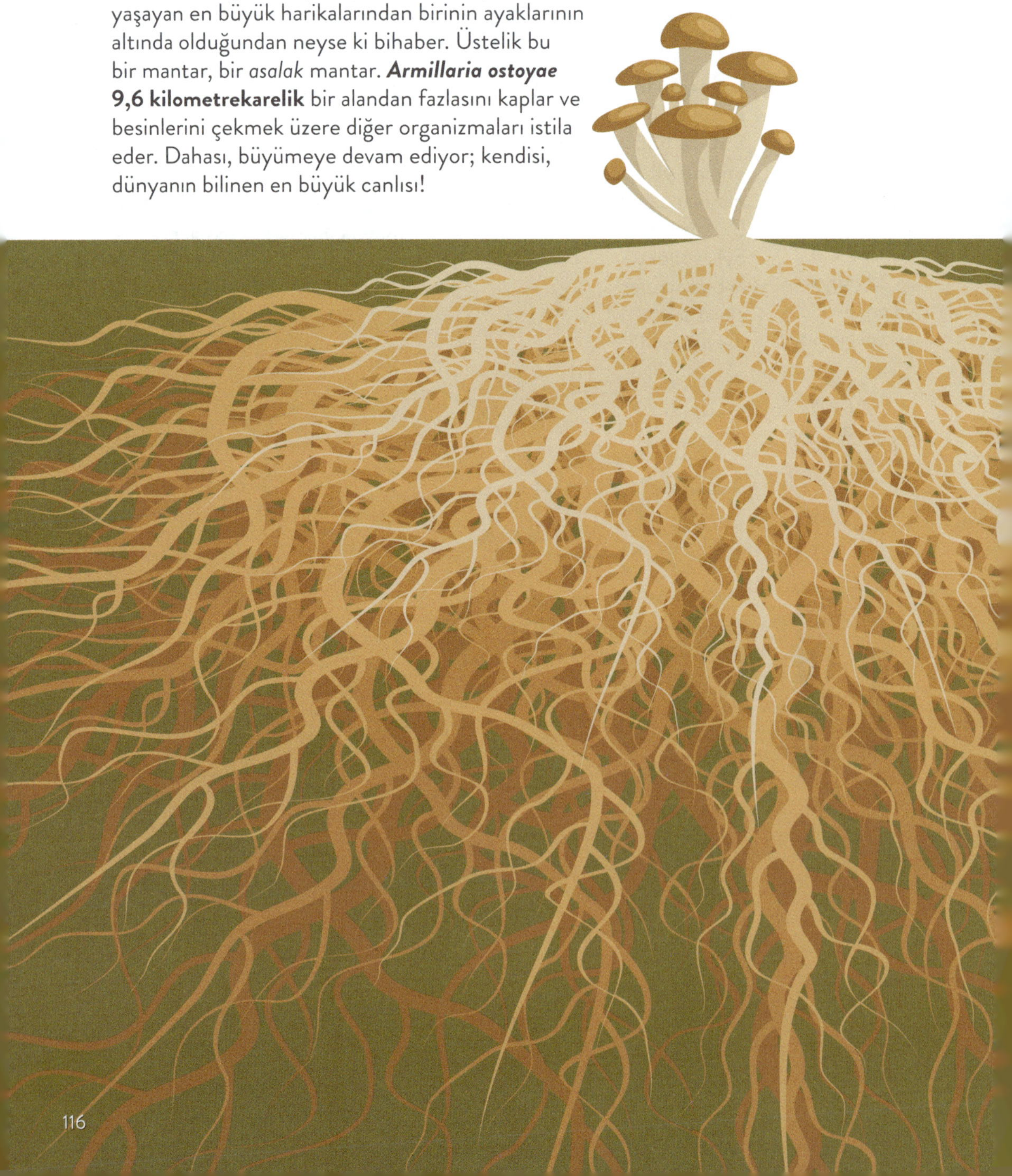

Yeraltına inmek

Armillaria ostoyae toprağın üzerinde büyüyen bal mantarları yavrular. Bu mantarlar yalnızca çok daha geniş bir yeraltı örtüsünün yüzeydeki tomurcuklarıdır. Bu yeraltı örtüsünün ağlarıysa yakındaki bir bitki örtüsünden besinleri çeker.

Ye ve kaç

Parazit mantarın büyüyüp serpildiği binlerce yıl boyunca, yoluna çıkan herhangi bir ağaç ya da çalı enfekte oldu, öldü, yenildi ve sonra yutuldu. Bu işlem, orman ekosistemi için önemlidir çünkü mantarın arkasında bıraktığı boşluklara farklı türlerin girmesine olanak verir. Besin geri dönüşümünü de teşvik eder; böylece bir ağaç ölürse toprağa geri döner ve kendi yerinde büyüyen ağaçlara besin sağlar.

BU MANTAR 2.400 YAŞINDA

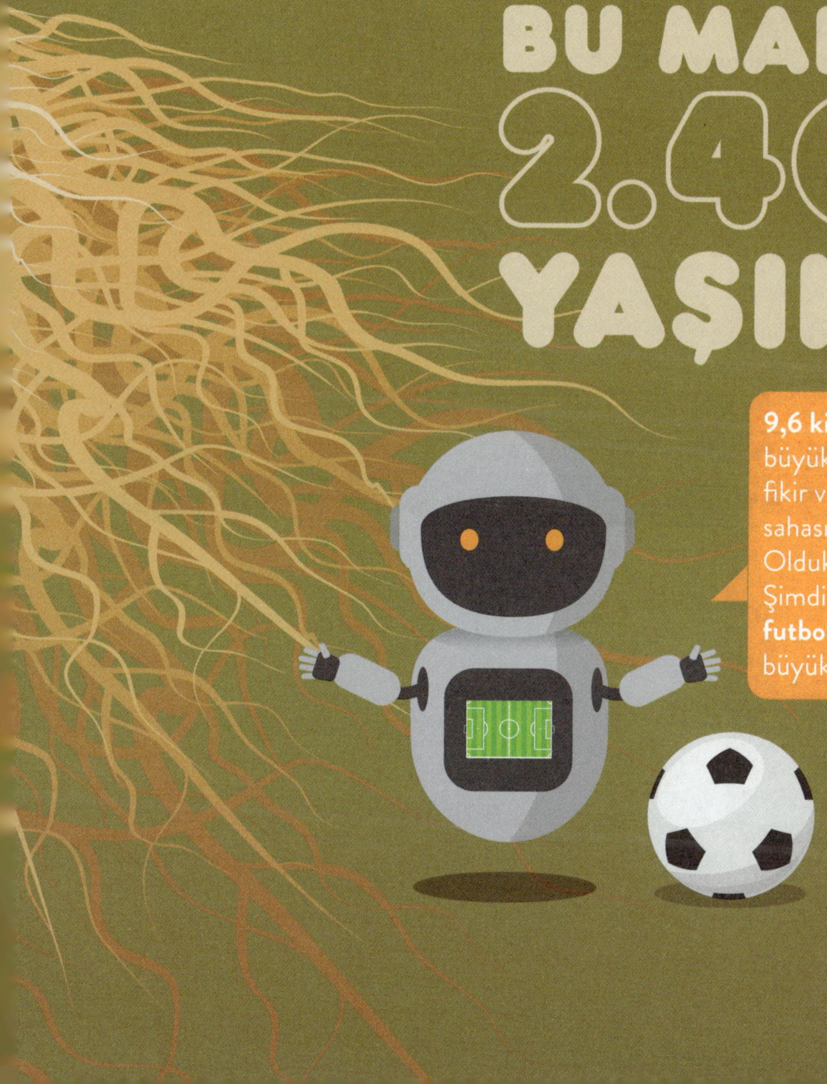

9,6 kilometrekarenin ne kadar büyük olduğuna dair sana biraz fikir vermesi için önce bir futbol sahasını kafanda canlandır. Oldukça büyük, değil mi? Şimdi bir araya gelmiş **1.344 futbol sahası** düşün. Vay be, ne büyük bir mantar!

ASLINDA VA BİR ÜLKE

Sadece **50 kişiden** oluşan bir ülke kulağa imkânsız gelebilir ama **Sealand*** sakinleri seninle aynı fikirde olmasa gerek. Bu **mikro ulus,** İkinci Dünya Savaşı açık deniz uçaksavar platformudur ve İngiltere'nin Suffolk kıyısının sadece **13 kilometre** açığında konumlanır.

1967 yılında Roy Bates ve ailesi, platformun, Birleşik Krallık'ın kontrol altındaki sularının dışındaki belirsiz konumundan istifade ederek idaresini ele geçirdi. Bates anında platformu özerk bir prenslik olarak ilan etti ve Sealand hükümetiyle bir mikro ulus kurdu. İşte dünyanın en küçük ülkesi böyle meydana geldi! Ne var ki Sealand diğer ülkelerce resmi olarak tanınmıyor çünkü bu ülkeler onun varlığını tanımayı reddediyor.

*Sealand (İng.): Deniz ülkesi (e.n.)

R OLMAYAN MEVCUT

Aklına ne gelirse

Sealand bir ülkenin sahip olabileceği her şeye sahip: anayasa, bayrak, para birimi, pullar, milli marş ve pasaportlar. Hatta kendine ait bir futbol takımı bile var!

Majesteleri

Roy Bates kendini **Sealand'in prensi** ilan etmişti; kendisi ve ailesi Birleşik Krallık anakarasına geri taşınsalar da tıpkı bir kraliyet gibi platformu yönetmeye devam ettiler. Tüm kraliyet aileleri gibi, Sealand'in yöneticileri de kraliyet unvanlarını atalarından devraldılar. Şimdi Roy'un oğlu Michael, Sealand'in prensi.

Uzay istilacıları

1978'te Prens Roy, bir grup silahlı adam platformu basıp oğlunu kaçırdığında ülkesini işgalcilere karşı savunmak zorunda kaldı! Roy, saldırının arkasındaki adamın avukatını kaçırarak ülkesini geri almayı ve oğlunu kurtarmayı başardı.

DÜNYA SENİN KADAR CANLI OLABİLİR

Bir an için Dünya'nın ve üzerindeki tüm yaşamın aslında birbirinden bağımsız olmadığını, büyük ve bütün, tek bir varlık olarak davrandıklarını düşün. Tüm canlı ve cansız varlıklar birlikte mükemmel bir uyum içinde çalışır. Biz insanlar ve tüm diğer canlı varlıklar sadece Dünya'nın sakinleri değil, aynı zamanda Dünya'nın ta kendisiyiz!

Bu üst varlık hipotezi, ***Gaia Hipotezi*** olarak adlandırılır. Kulağa çok uzak gibi gelse de kuşlar, arılar ve etrafındaki tüm insanlar kadar canlı bir gezegen fikri tam anlamıyla büyüleyici.

SIRA SENDE!

Evde biraz tohum ekmeye ne dersin? Toprağın düzenli sulanması ve doğru miktarda güneş ışığı takviyesiyle, tohumların nasıl güçlü bir şekilde çimlenip büyüdüklerini gözlemle.

Garip şeyler

Gaia Hipotezi Dünya'nın garip özelliklerini açıklamaya yardımcı olabilir. Örneğin, neden okyanuslar çok daha tuzlu değil ya da neden atmosfer büyük ölçüde karbon dioksitten meydana gelmez.

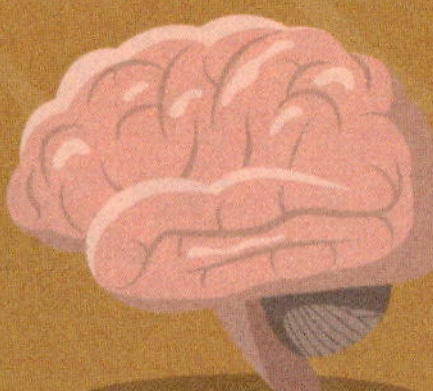

Beyin kutusu

Eğer *Gaia Hipotezi* gerçekse, insanlar pekâlâ Dünya'nın beyni ya da bilinci olabilir. Canlı olduğunun farkına varan Dünya'nın ta kendisi olabiliriz!

Yaşamdan öte

Eğer *Gaia Hipotezi*'ne inanılırsa, Dünya üzerinde yaşayan tüm bitkiler, hayvanlar ve böcekler aslında biyosferin kimyasını düzenlemek için evrimleşmişlerdir. Hava, su ve toprak tek bir dev merkezi organizmanın ana bileşenleridir.

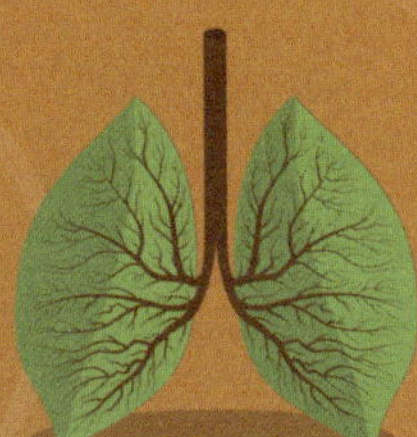

İçine çek

Dünya nefes alır, terler ve değişir! Kelimenin tam anlamıyla milyonlarca organizma yorulmak nedir bilmeden Dünya'nın havasını, suyunu ve kayalarını tüketir ve tazeler. Hepsi birden, Dünya üzerindeki her şey büyür ve birlikte değişir.

DÜNYA'YI UZAYDAN GÖRMEK SENİ SONSUZA DEK DEĞİŞTİRİR

İlk kez uzaya giden ve Dünya'yı büsbütün gören yüzlerce insandan birçoğu, aşağı bakıp yuva gezegenlerini görmenin, onu algılayışlarında karşı konulmaz ve neredeyse mistik bir değişime sebep olduğunu anlattı. Bu deneyim **"genel bakış etkisi"** olarak bilinir. Bu uzay yolcuları, Dünya'nın, hepimizin paylaştığı, yaşamı destekleyen bir atmosfere sahip tek gezegen olduğunu gözlemleme imkânına sahip oldular: Evrendeki ortak evimiz.

1968'de ilk kez, ön planda Ay'ın yüzeyi görünecek şekilde, uzayın karanlığında sürüklenen Dünya'nın fotoğrafı çekildi. Bu ikonik görüntü **Apollo 8** aracından yakalandı ve **"Dünya'nın Doğuşu"** ismiyle tanındı. Bu sıklıkla, şimdiye dek çekilmiş en etkili çevre fotoğrafı olarak tanımlanır.

Dikkatli davran

Astronotlar uzaydan Dünya'ya bakıp bu şaşırtıcı, güzel gezegeni yepyeni bir açıdan gördüğünde, sıklıkla onu yaşayan ve nefes alan bir organizma olarak tanımlar. Astronotlar ayrıca onun son derece kırılgan göründüğünden bahseder. Adeta gözle görünür, kâğıt inceliğinde bir atmosfer tabakasına sahiptir ve bu, bizi uzayın soğuk vakumundan koruyan yegâne şeydir.

Kozmik ışın

Astronotlar kozmik bir bakış açısıyla kutsanmışlardır; Dünya'yı bir gezegen, Güneş'iyse göz kamaştırıcı beyaz bir yıldız olarak görebilirler. Burada, Dünya'nın yüzeyinde, mavi bir gökyüzünde sarı Güneş'i görüyoruz ama astronotlar için uzayın karanlığında Güneş'in beyaz ışığı belirgindir.

BİL

299792
km/s

MUZLAR RADYOAKTİFTİR

Ne vakit lezzetli bir muz yesen, kendini radyasyona maruz bırakırsın! Ama hemen muzlu smoothie'ni lavaboya dökeyim deme. Muzun içindeki düşük miktardaki potasyum radyoaktiftir ancak bir muzdaki radyasyon miktarı çok azdır; aslında, sadece Dünya'da yaşayarak maruz kaldığımız radyasyondan bile daha az.

İyi yemiş

Muzlar aslında yemiştir ama ahududular değildir!

Kafayı sıyırmak

Radyasyonun insan vücuduna verdiği zararı ölçmek için, bilim insanları **sievert** isimli bir birim kullanır. Bir muz yemek **0,1 sievert** değerindedir.

0,1 sievert

Havaalanlarındaki güvenlik taramalarının radyasyon miktarı **0,25 sievert**, yani **iki buçuk adet muz** yemekle eşdeğerdir.

VE YÜRÜYEBİLİR

Muzların radyoaktif olmasının yanı sıra üzerinde yetiştiği ağaçlar yürüyebilir! Bu ağaçlar **40 santimetre** kadar ilerleyebilir. Ancak endişelenme; bu, doğal olarak meydana gelen herhangi bir şeyden ziyade onları nasıl büyüttüğümüze bağlıdır.

Muzlar iki sürgün kullanılarak yetiştirilir. Sürgünlerden biri hemen kullanılır, bu esnada diğeri büyümeye bırakılır; böylece yaklaşık **7 ay** içinde muz yetiştirmeye hazır olur. Sürgünler büyüdükçe zemin boyunca ilerler, yani uzun bir zaman diliminde bitkinin tamamı kendiliğinden ilk konumundan kayacaktır!

Diş doktorundaki bir X-ray **5 sievert**, yani **50 muz** yemekle eşdeğerdir.

Ölümcül radyasyon dozu **10 milyon sievert** değerindedir, yani radyasyondan ölmek için **100 milyon muz** yemen gerekir; ancak muhtemelen önce karın ağrısından ölürsün!

TIRNAĞINDAN HER SANİYE 65 MİLYAR NÖRON GEÇER

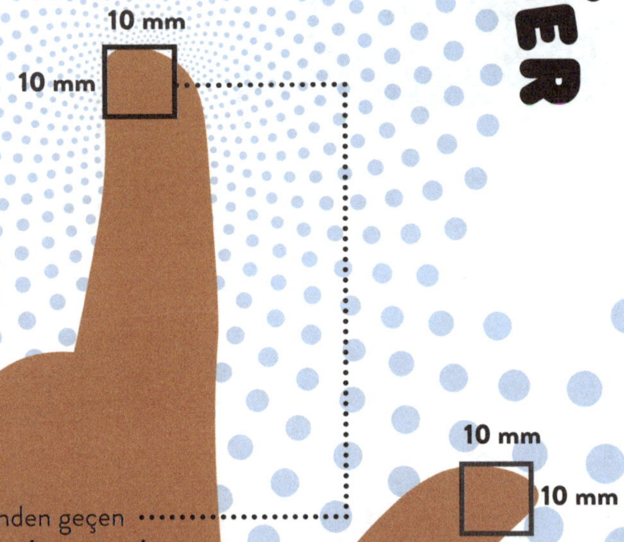

Tam şu anda içinden geçen milyarlarca **atomaltı parçacık** var. Vücudunun her santimetre karesinde, her saniye **65 milyar nötrino** dolaşır!

Bu parçacıklar evrende en bol bulunan şeylerden biri olsalar da tespit edilmeleri inanılmaz derecede zordur. Bunun sebebi, nötrinoların madde ile etkileşimlerinin çok az olması ya da hiç olmamasıdır. Aynen öyle, bunlar sabit olmayan, çok küçük parçacıklar!

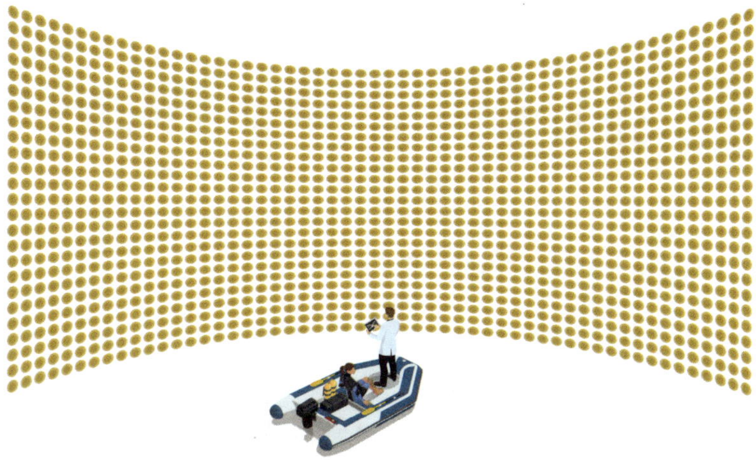

Nokta atışı

Nötrinoları tespit etmek zor olabilir ancak imkânsız değildir. Japonya'daki **Ikeno Dağı'nın 1.000 metre** altında **Süper Kamiokande dedektörü** bulunur. Bu dedektör, herhangi bir nötrino belirtisini saptamak için **13.000 sensörle** birlikte **50.000 litre** süper saf su içerir.

Hız şeytanları

Nötrinoların neredeyse hiç kütlesi yoktur ancak bu onları yavaşlatmaz. Aslında hızlıdırlar, çok hızlı. Uzayda ve gezegenler arasında neredeyse ışık hızında seyahat ederler!

Bir şahsın hayaleti

Nötrinolar sıklıkla "hayalet parçacıklar" olarak adlandırılır. Bunun sebebi, neredeyse hiç kütlesinin olmamasıdır ve diğer kuvvetlerle etkileşim yoksunluğudur.

Doğanın gücü

Doğadaki birçok süreç nötrinolar yaratır: Güneş'in nükleer tepkimeleri, Dünya'daki parçacık bozunmaları, yıldızların süpernovaya gidip patlaması. İnsanlar ayrıca parçacık hızlandırıcılar ve nükleer santrallerin içinde nötrinolar üretti!

SICAK SU, SOĞUK SUDAN DAHA HIZLI DONAR

Geçmişten günümüze dek insanların, suyun donması gibi basit bir şey hakkında ustalaştığını düşünebilirsin. Ancak görünen o ki daha kırk fırın ekmek yememiz gerek! Sıcak suyun soğumasının soğuk sudan daha uzun sürdüğünü ve bu nedenle daha hızlı donamayacağını varsaymak son derece mantıklıdır. Ama aslında tam tersi doğrudur ve belirli koşullar altında sıcak, su soğuk sudan daha hızlı donabilir!

Kaymak tabaka

Bu garip fenomen, yani sıcak suyun soğuk sudan daha hızlı donması, **Mpemba etkisi** olarak bilinir ve adını Erasto Mpemba'dan alır. Erasto 1963'te bir okul projesi dahilinde dondurma yaparken, yakıcı sıcaklıktaki kaynamış krema ve şeker karışımının, kendininkileri soğumaya bırakan sınıf arkadaşlarınınkine göre daha hızlı donduğunu fark etti.

Beş dakika mola

Sıcak suyun neden soğuktan daha hızlı donduğu gizemini korusa da bunun ardında yatan nedenlere dair bazı teoriler var:

Sıcak beher, herhangi bir yalıtımı kaybederek, kenarlarındaki buzu eritecektir. Oysa beherin etrafında şekil alan donmuş soğuk su aslında ısıyı korumaya ve donma işlemini yavaşlatmaya yardımcı olabilir.

Soğuk su, sıcak suya kıyasla daha fazla çözünmüş gaza sahiptir; bu gazlar soğuma hızında rol oynayabilir.

Su 0°C'de değil de daha soğuk bir derecede, bazen donmadan önce süper soğur. Sıcak su, soğuk suya kıyasla daha az süper soğumaya maruz kalabilir ve dolayısıyla daha hızlı soğur.

Sıcak su, buharlaşma yoluyla daha fazla su molekülü kaybeder; yani donacak daha az su molekülü olur.

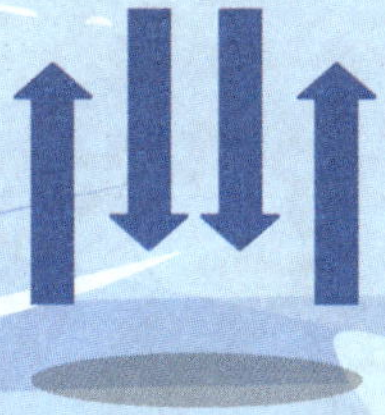

Artan konveksiyon akımları nedeniyle sıcak su daha hızlı donabilir. Su ilk olarak yüzeyinden ve kenarlarından soğur, bu da soğuk suyun dibe çökmesine ve ılık suyun yükselmesine neden olur. Sıcak suda bu akımlardan fazlaca vardır, bu da soğuma hızını etkileyebilir.

Bazı insanlar Mpempa etkisinin bir efsane olduğu konusunda ısrarcı; kısmen, bunun gerçekleşmesi için gereken koşulları tekrarlamak çok zor olduğundan. Ama kesin olan bir şey var ki bunca zaman sonra bile su bizi hâlâ şaşırtıyor!

Hiç yüksek irtifada su kaynattın mı? Örneğin dağdayken. Çok daha hızlı kaynadığını fark ettin mi? Bunun nedeni, daha yüksek bir irtifada hava basıncının daha düşük olmasıdır!

Üçlü aksilik

Suyun aynı anda katı, sıvı ve gaz olabileceğini biliyor muydun? Bu **"üçlü nokta"** olarak bilinir; katı, sıvı ve gaz geçiş eğrilerinin buluştuğu yerde oluşur, sıcaklık ve basınç tam kararındadır. Su için üçlü nokta, donma noktasının hemen üzerinde **(0,01°C)** ve **0.006 atmosfer basınçtadır**.

EVRENİN ZIT TARAFLARINDAKİ İKİ PARÇACIK BİRBİRİNİ ANINDA ETKİLEYEBİLİR

Kuantum mekaniği; atomların, fotonların, elektronların ve evrenimizi oluşturan diğer parçacıkların inanılmaz derecede tuhaf davranışlarını tanımlayan bir dizi bilimsel yasadır. Esas olarak fiziğin beyin eriten dalıdır ve çok küçük şeylerle ilgilenir; gözlemlemek için özel mikroskoplar ve fotoğraf makineleri gerektirecek kadar küçük şeylerle!

Kuantum dolanıklık, kuantum mekaniğinde çalışılan bir fenomendir. Bir kristalden lazer ışını ateşlendiğinde, tekil fotonun bir çift **dolanık fotona** bölünmesine neden olur. Şaşırtıcı bir şekilde bu iki parçacık öyle ya da böyle birbirine bağlı kalır, bu nedenle biri üzerinde yapılan herhangi bir işlem (örneğin onu ölçmek) diğerini etkileyecektir. Bu reaksiyon, parçacıklar birbirlerine ne kadar uzak olurlarsa olsunlar her türlü gerçekleşir, hatta ışık yılı uzaklıkta olsalar bile!

Hız yaparken yakalanmak

Kuantum dolanıklıkta etkilenen değişim, ışık hızından daha hızlı gerçekleşir gibi görünür, hatta daha hızlı olabilir! Işık hızı, bildiğimiz üzere, evrenin hız sınırıdır. Dolanık parçacıklar için değişim hızı mümkün olmamalıdır, bu da yalnızca bu fenomenin gizemine katkıda bulunur!

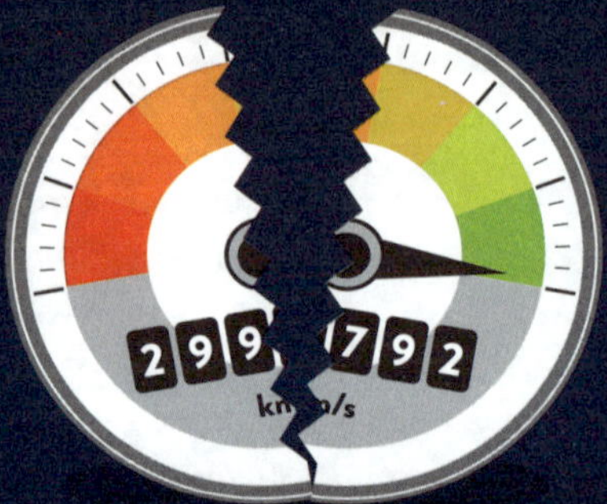

Sisle kaplı

Nesnelerin daha standart hız ve boyutlarda nasıl hareket ettiğini (mesela bir tenis topunun havada aldığı yol) açıklayan klasik mekanikten farklı olarak kuantum mekaniğinde, nesneler bir olasılıklar sisi içinde var olur. Bir yerde olma ihtimali ve başka bir yerde olma imkânı var.

Çok ürkütücü

Albert Einstein kuantum dolanıklığın tuhaflığından hoşlanmadı ve bunu "uzak mesafeli ürkütücü eylem" olarak tanımladı.

ATOM BOMBASI, RENKLİ TELEVİZYONDAN 20 YIL ÖNCE YAPILDI VE PATLATILDI

Atomlar öyle ufacıktır ki çıplak gözle görülmesi imkânsızdır. Ama biri parçalarına ayrılmışsa, patlayıcı bir zincirleme reaksiyon başlatır. Bu öyle ölümcül ve muazzam bir patlamaya yol açar ki bir saniyeden daha kısa sürede seni ve etrafındaki her şeyi yok eder. Bir atomu parçalama işlemi, insanların atom bombasını icat etmesi gibidir; (renkli televizyondan bile önce) herkesçe bilinen ismiyle dehşet verici bir icat.

Bölünme zamanı

1917'de bilim insanı Ernest Rutherford, **fizyon** olarak bilinen bir nükleer reaksiyonda atomu parçalayarak tarih yazdı. İkinci Dünya Savaşı **Müttefik Kuvvetleri** ülkeleri **Büyük Britanya, Fransa, Sovyetler Birliği, Birleşik Devletler** ve **Çin**'di. Müttefikler, savaşı kazanmalarına yardımcı olması adına nükleer fizyonun askeri amaçlar uğruna nasıl kullanılabileceğini tartışmaya başladı ve bir uranyum bombası yaratma planları yapıldı.

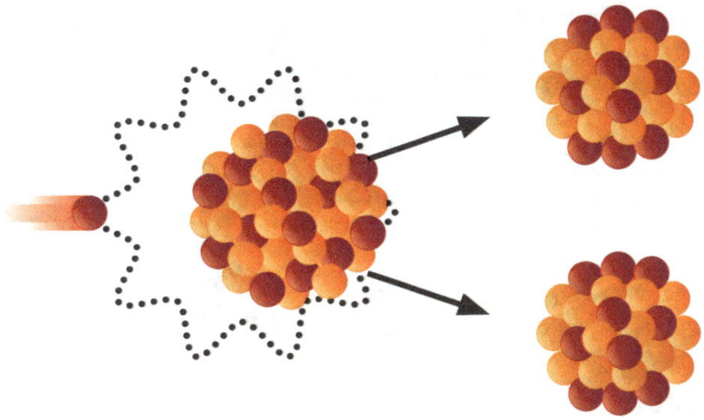

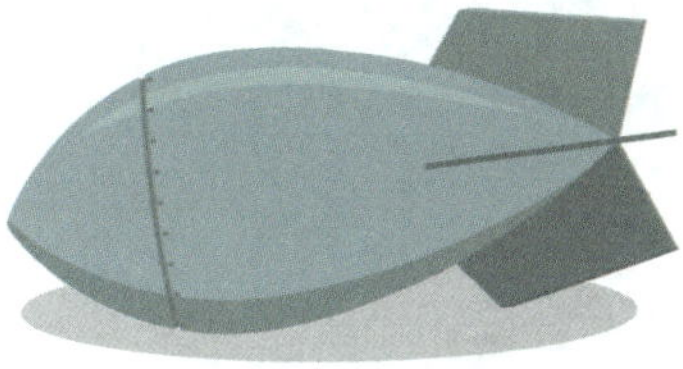

Bombayı patlatmak

Atom bombasının planları yürürlüğe konduğunda, Albert Einstein atom bombasının arkasındaki teoriye bilimsel destek vermek için ABD Başkanı Franklin Roosevelt'e yazdı. Ayrıca Nazilerin kendilerine ait yeni ve güçlü bir silah üzerinde çalıştıklarından duyduğu endişeyi dile getirdi. Sonuç olarak **Manhattan Projesi** isimli bir nükleer silah araştırma ve geliştirme grubu kuruldu. 1943'te, atom bombasının yapımı tamamlandığında teori ve pratik bir araya geldi.

Işıl ışıl

1945 yılında atom bombası, New Mexico'daki Jornada del Muerto* Çölü'nde patlatıldı. **18 milyon kilogram** TNT ile güçlendirilmiş, koca bir mantar şeklindeki şiddetli ışık bulutu **12 kilometre** yükseklikte patladı. Patlama bir anlığına çevredeki dağları aydınlattı.

Renkli ekran

Askeri bilimde bu inanılmaz atılımlar gerçekleşirken televizyon geride kaldı. Şaşırtıcı bir şekilde, renkli televizyonların yaygın olarak satılmaya başlaması **20 yıl sonrasına** denk gelir. İlk renkli televizyon serisi 1966'da yayımlandı: kısa ömürlü Amerikan komedi dizisi *The Marriage***. Siyah beyaz televizyon dönemi sona erdi.

* Jornada del Muerto (İsp.): Ölüler Günü (e.n.)
**Marriage (İng.): Evlilik (e.n.)

IŞIK H
ZAMAN

Işık hızında seyahat etmememiz mümkün olmasa bile Albert Einstein bunun üzerine çok kafa patlatırdı. Einstein'ın Özel Görelilik Teorisi'ne göre ne kadar hızlı gidersen, çevrendekilere kıyasla senin için zaman o kadar yavaşlar. Bu teoriye göre eğer ışık hızında seyahat etseydin, zaman durmuş gibi görünürdü. Yok artık!

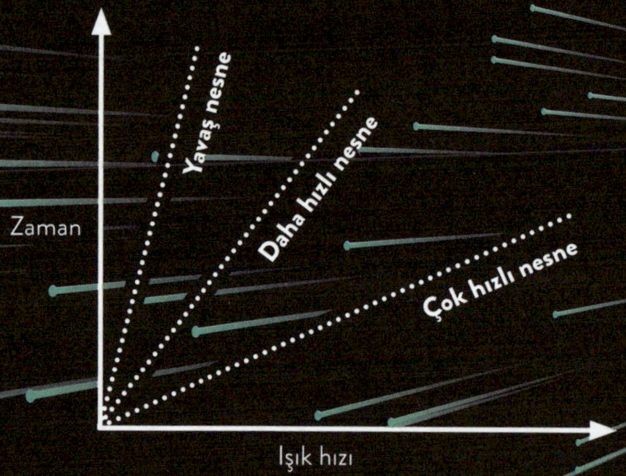

Yukarıdaki grafiğin gösterdiği üzere, yavaş nesneler, çok hızlı nesnelerden daha hızlı bir zaman geçişine sahiptir; çok hızlı nesneler içinse zaman çok daha yavaş geçer. Bir nesne ışık hızına ulaştığında, zaman ekseninde sıfırı bulacaktır; bu demek olur ki zaman yönünde hiç hareket etmeyecektir. Başka bir deyişle, ışık hızına ulaşıldığında yolcu için zaman durur!

ZINDA DURUR

Sonsuzluğa ve ötesine

Işık hızına yaklaştıkça ağırlaşırsın. Evrenin hız sınırında seyahat etseydin, kütlen o kadar artardı ki sonsuzluğa ulaşmaya başlardı! O kütlede hareket etmek sonsuz enerji gerektirir, bu yüzden ışık hızına ulaşmamız yalnız ve yalnız hayallerimizde mümkündür.

Fotonların, yani ışığı oluşturan parçacıkların kütlesi sıfırdır. Işığın olmayan ağırlığı, bu kadar inanılmaz bir hızda hareket edebilmesinin nedenidir!

TÜM NESNELER AYNI HIZDA DÜŞER

Yüksek bir binanın tepesinden bir bovling topunu ve bir kuş tüyünü aşağı bıraksan, sence önce hangisi yere düşerdi? İlk olarak bovling topunun yere düşeceğini varsaymak oldukça güvenli bir tercihtir çünkü tüyün süzülerek düşeceği, bovling topununsa yere çakılacağı düşünülür. Aslında tam da böyle olur. Ancak nesneler farklı zamanlarda yere ulaşsalar da aslında tüm nesneler, kütleleri ne olursa olsun aynı hızda düşer. Nesneler düşerken tanık olduğumuz farklı düşme hızları, **hava direnci** ile ilgilidir.

Havada süzülmek

Düşen bir tüy o kadar hafiftir ki hava ona bovling topuna gösterdiği dirençten çok daha fazlasını gösterir. Hava, yerçekimine karşı koyan ve tüyün düşme hızını yavaşlatan yukarı doğru bir sürtünme kuvvetidir.

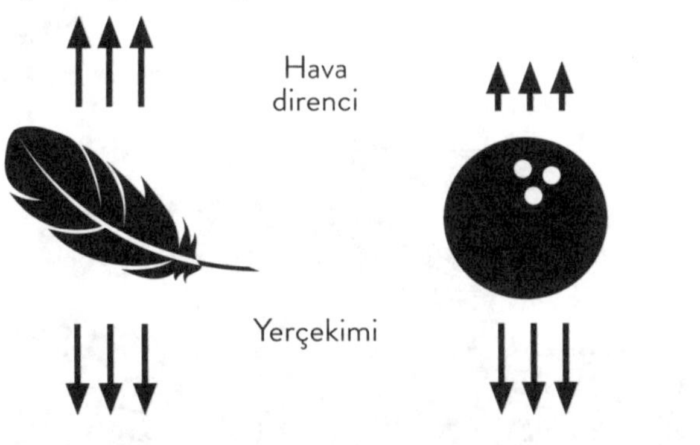

Baskı altında

Hava direncini deneyimlemenin bir yolu da avcunu açıp elini hareket halindeki bir arabanın penceresinden dışarı çıkarmaktır. Yine de önce ebeveyninin iznini almayı unutma ve yakınlarda başka araba olup olmadığını kontrol ettiğinden emin ol! Elin dışarıdayken, üstündeki hava direncini hissedebileceksin. Araba hızlanırsa, hava direnci kuvveti artar. Elini bir yumruk şeklinde sıkarsan, daha az sürtünme nedeniyle kuvvetin azaldığını hissedersin.

SIRA SENDE!

Bir elma ile bir tüy al ve yere inişlerini incelemek için belirli bir yükseklikten aynı anda yere bırak. Deneyi yapmadan önce muhakkak etrafı kolaçan et ki kimseye denk gelmesinler!

Vakumla

Tüyün yavaşça düşmesinin nedeninin hava direnci olduğunu biliyoruz çünkü bilim insanları, bovling topu ve tüy deneyini birden çok mekânda gerçekleştirdi. Buna, havanın dışarı pompalandığı bir cam oda da dahil. Bu havası alınmış oda bir vakum meydana getirir; burada hem tüy hem de bovling topu yere tam olarak aynı anda çarpar ve tam olarak aynı hızda düşer.

Ay'da gezinmek

Bu şaşırtıcı gerçek, Ay'da bile test edildi. 1971'de **Apollo 15' Komutanı David Scott** bir çekiç ile (çekiçten **44 kat daha hafif**) bir kuş tüyünü aynı anda aynı yükseklikten düşürdü ve her ikisi de eşzamanlı yere çarptı!

BİSİKLETLER KEN

Bisikletler harikadır ve elbette iki teker üzerinde gezinmek yüzüne koca bir gülümseme yerleştiriyordur! Ama aslında bisikletinin kendini sürebileceğini biliyor muydun? Sürücüsüz bisikletini düzgünce itersen (ve doğru hızda hareket ederse), kendini dengeleyecek ve meydana gelebilecek herhangi bir yalpalamayı düzeltmek için otomatik olarak kendini doğrultacaktır. Daha da etkileyicisi, bilim insanları, sürücüsü olsun ya da olmasın, bisikletin nasıl bu kadar sabit kaldığını hâlâ anlayabilmiş değil.

SIRA SENDE!

Bir stres çarkın varsa, onu döndür ve jiroskopik etkiyi gözlemle. Çark bulamıyorsan, bir sonraki sefer süpermarketteyken alışveriş arabalarındaki tekerleklere tüm dikkatini ver ve çarkın, tekerin konumunu nasıl kontrol ettiğini gözlemle. Birkaç farklı araba kullanmayı dene ve tekerlekleri kilitli veya kırık olanlardaki hareket farkını gözlemle.

LERİNİ SÜREBİLİR

Fır fır

Bisikletin kendini nasıl dik tutabildiğini açıklayan fikre **jiroskopik teori** denir. Bisikletin, bir çıkrığın sağladığı dengeyle dik durup düşmesi önlenir. Temelde bir cep jiroskopu olan stres çarkının arkasında da aynı prensip yatar.

Fırlat gitsin

Fırlatma teorisine göre bisiklet tekeri, alışveriş arabasındaki tekerlek gibidir. Bu tekerlekler kendilerini otomatik olarak, ilerledikleri yönde konumlandırır. Bu, bisikletlerin kendilerini dik tutabilmesinin bir diğer potansiyel nedenidir.

Dengeyi kurma

Jiroskopik etki, sürücüsüz bir bisikletin dengesini açıklamaya yardımcı olur ve fırlatma etkisi, sürüşü kolaylaştırır ancak hiçbiri sürücüsüz bir bisikletin kendi kendini dengeleme etkisinden sorumlu değildir. İşte bu yüzden mütevazı bisiklet, bu kadar şaşırtıcı bir sürüş bilmecesi olmayı sürdürüyor.

HAYAT BİZE LİMON VERMEDİ, BİZ ONLARI YAPTIK

Biri doğal gıdalardan bahsettiğinde, genelde aklımıza ilk olarak meyve ve sebzeler gelir. Bunlar bize doğrudan Dünya'dan gelir, lezzetli bir besin ve vitamin kaynağıdır. Bununla birlikte, bazı meyve ve sebzeler, ilk başta düşündüğünüz kadar doğal değildir. Aslında bazıları seçici yetiştirmenin insan yapımı melezleridir. Orijinal limonun, erkek ağaçkavunu ile dişi ekşi portakalın melezi olduğunu biliyor muydun? Ekşi portakal da greyfurt ve mandalinanın melezidir.

Ayrı bir tür

Yapay seleksiyon olarak da bilinen seçici yetiştirme, istenen özelliklere sahip melez organizmalar geliştirmek için kullanılır. Bilim insanları, çoğaltmak üzere yararlı niteliklere sahip iki gıda seçer, bunlar da bu niteliklere sahip mahsuller üretir. Seçici yetiştirme, daha lezzetli meyve ve sebzeler üretmek kadar, böceklere karşı daha yüksek toleransa sahip mahsuller yetiştirmek için de kullanılabilir.

SIRA SENDE!

Kendi melez meyve veya sebzeni yaratmak için yapay seleksiyonu kullanabilseydin, ne yapardın? Yepyeni seçici yetiştirilmiş yemeğinin bir resmini çiz ve özel niteliklerinin bir listesini yap!

Mor yama

Havuçların hep turuncu olmadığını biliyor muydun? Aslen doğal havuçlar ya beyaz ya da mordu ve çoğunlukla yenilebilir değildi. Geçmişten günümüze hem lezzetlerini hem de renklerini geliştirmek için seçici yetiştirildiler.

Yeşilliklerini ye

Brokoli bir melez değildir ancak aslında yüzlerce yıllık seçici yabani lahana yetiştiriciliğinin son ürünüdür. Zaman içerisinde insanlar için daha lezzetli ve hoş bir tada sahip olacak şekilde uyarlanmıştır! Beyaz lahana, karnabahar, Brüksel lahanası ve karalahana da brokoli gibi, aynı yabani lahanadan elde edilen sebzelerdir. Ne büyük başarı ama!

Teknik olarak tüm meyve ve sebzeler aslında melezdir. Zamanda yeterince geriye gidersen, tüm bitkilerin farklı polenleri ve tohumları harmanlayan rüzgâr ve arılar sayesinde ortaya çıktığını görürsün. Biz insanlar da bu karışıma seçici yetiştirmeyi ekledik!

BİR MİLYAR İNSANIN HAYATINI KURTARAN ADAM

Daha önce **Norman Borlaug** adlı bitki bilimcinin ismini duydun mu? Endişelenme, çoğu kişi duymamıştır! Nobel Barış Ödülü kazanan, yeşil devrimin babası olarak kabul edilen ve çalışmaları bir milyar insanı açlıktan kurtarmaya yardımcı olmuş birinin dünya çapında tanınacağını düşünebilirsin ama heyhat!

Hiç şaşırtmadı

Dr. Borlaug kariyeri boyunca, hastalığa yakalanma olasılığı daha düşük olan ve yüksek verim sağlayabilecek yeni, daha küçük buğday bitkileri geliştirdi. Bu yeni yetiştirme tekniği Meksika ve Asya'daki çiftçiler tarafından benimsendi. Bu yeni buğday bitkileri gıda üretimini artırdı; öngörülen kitlesel kıtlıklardan kaçınmaya ve milyonlarca insanı açlıktan kurtarmaya yardımcı oldu. Dr. Borlaug ve buğday bitkileri, kelimenin tam anlamıyla tarihin akışını değiştirdi. Ne adam ama!

Kaynak

Buğday bir çimen türüdür ve tohumundan ötürü yaygın olarak yetiştirilmektedir. Dünyada **en çok üretilen üçüncü** tahıl mahsulüdür! Dünya nüfusunun **yarısından fazlası** için protein ihtiyacının yaklaşık **%20**'sini sağlar.

En iyisi

Dr. Borlaug şimdiye kadar yaşamış herhangi bir insandan daha fazla hayat kurtardı! Bu, onun dünya çapında tanınması için oldukça iyi bir sebep!

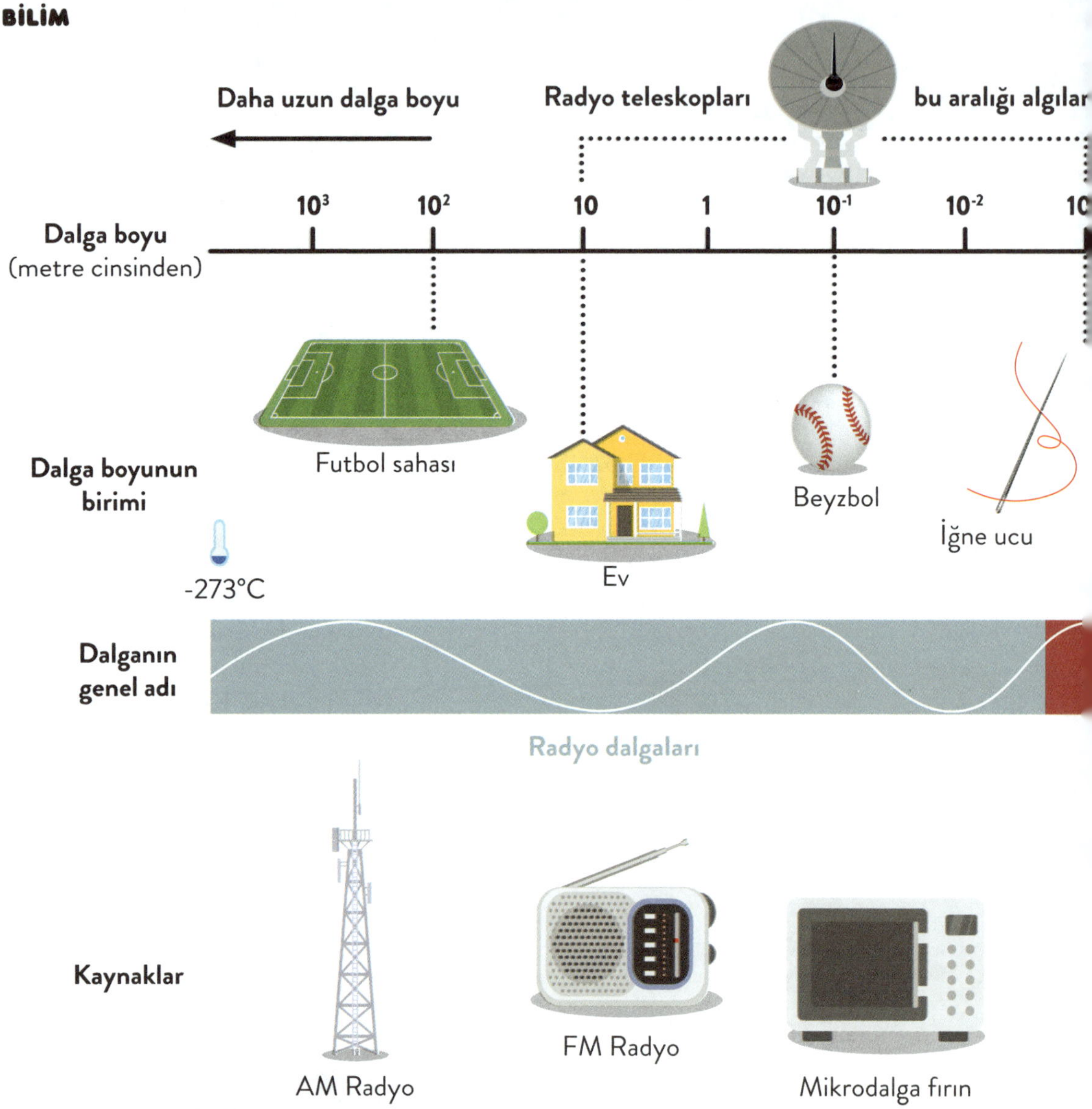

ÇOĞU IŞIK TÜRÜNÜ ÇIPLAK GÖZLE GÖREMEYİZ

Elektromanyetik spektrum, insanın çıplak gözle göremeyeceği ışıklar da dahil olmak üzere, var olan tüm farklı ışık türlerini tanımlayan aralıktır! Daha önce bir gökkuşağı gördüysen, görebildiğimiz ışığı oluşturan farklı renkleri bilirsin; ancak bunlar **elektromanyetik spektrumun** sadece çok küçük bir kısmıdır. Şaşırtıcı bir şekilde, evrendeki ışığın çoğu, insan gözünün göremediği şeylerden meydana gelir. Bu diğer ışık türleri şunlardır: **radyo dalgaları**, **mikrodalgalar**, **kızılötesi ışınlar**, **ultraviyole ışınlar**, **X ışınları** ve **gama ışınları**.

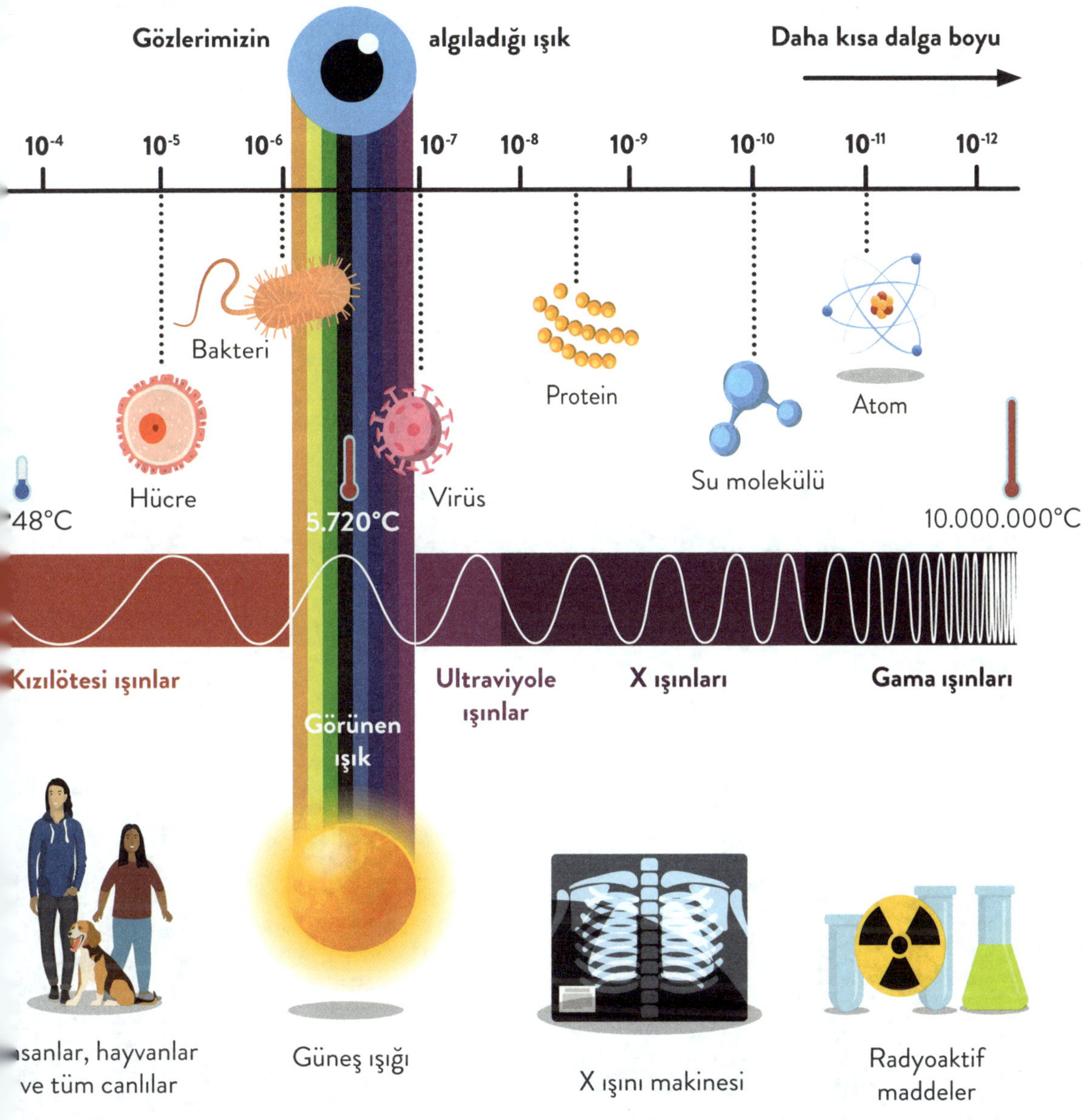

Filtrelemek

Ultraviyole ışık bizim için görünmez olsa da onu görebildiğini bildiren bazı insanlar var. Normalde gözümüzdeki lens ultraviyole ışığı filtreler; ancak doğuştan lenssiz (ve lensinin yeri değiştirilmemiş) bazı insanlar ultraviyoleyi görebildiklerini iddia eder. Onlara göre dünya, her yerde ek bir beyazımsı mor ışıkla çok farklı görünse gerek.

AĞIR NESNELER UZAY VE ZAMANIN DOKUSUNU BOZAR

Yerçekiminin evrendeki her şeyi bir araya getiren bir çekim kuvveti olduğunu keşfeden, efsanevi **Sör Isaac Newton**'du. Yerçekimi kuvveti, bir nesnenin diğerine ne kadar büyük ve yakın olduğuna bağlıdır. Örneğin Güneş, Dünya'dan çok daha fazla yerçekimine sahiptir; ancak Dünya üzerinde yaşayan her şeyin Güneş'e doğru çekilmesi gerekirken, gezegenin yüzeyine yakınlığımız sebebiyle olduğumuz yerde kalırız.

Dahiyane bir fikir

Newton bize yerçekiminin ne olduğunu söyledi ama nasıl işlediğini anlamaya bir başka deha gerekti: Albert Einstein. Görünen o ki yerçekimi Newton'un öngördüğü gibi bir güç değil, bundan çok daha tuhafıydı! Einstein, **Genel Görelilik Teorisi** ile yerçekimini ve buna neyin sebep olduğunu açıklamak için akıllara durgunluk veren yeni bir yol geliştirdi.

Einstein yerçekiminin, bir kütlenin uzay ve zaman üzerindeki bozunumunun doğal bir sonucu olduğunu keşfetti. Teorisinde bunu **uzay-zaman** olarak ifade etmiştir. Her nesne uzay-zaman dokusunu bozar ve nesne ne kadar büyükse, etkisi de o kadar büyük olur. Kulağa kafa karıştırıcı gelebilir ama tüm bunlar temelde şu demektir: Bir nesne, etrafındaki uzay-zamanı bükebilir, esnetebilir, itebilir ya da çekebilir ve bu değişimin kapsamı, nesnenin boyutuna bağlıdır.

Uzay-zamanda bozulma

Bir bovling topunu kauçuk bir levha üzerine yerleştirdiğinde malzemeyi esnetir; gezegen ve yıldızlar da uzay-zamanı tam olarak böyle büker. Aynı kauçuk levha boyunca yuvarlanan bir bilye, bovling topuna doğru çekilecektir. Aynı şekilde, Güneş'in yörüngesindeki gezegenler de aslında Güneş tarafından çekilmez ancak Güneş'in devasa ağırlığının neden olduğu kavisli uzay-zaman deformasyonunu takip eder. Gezegenlerin Güneş'e düşmemesinin nedeni, çokça yan yönlü momentumlarının olmasıdır. Yani Güneş'e doğru devamlı düşer ancak onu ıskalarlar.

BELKİ DE BİR BİLGİSAYAR SİMÜLASYONUNUN İÇİNDE YAŞIYORUZDUR

Simülasyon teorisi tüm insanların, teknolojik olarak gelişmiş, uzak gelecekteki torunlarımız tarafından yaratılan bir bilgisayar simülasyonunda yaşayan dijital varlıklar olduğuna dair bir fikirdir. Bu, bir bilimkurgu filmindeki çılgın bir komplo teorisi gibi görünse de pek çok bilim insanı bunu çok ciddiye alır!

Akıllara zarar

Aslında bir bilgisayar simülasyonunda yaşadığımıza dair olan argümanın iki ana kısmı vardır. İlki, büyük bir hayal gücü sıçraması gerektirir ve gelecekte bir noktada şunu kabul etmemizi ister: Bilgisayarda insan bilincinin simülasyonunu yapabileceğiz. Öyle ki gerçek insan bilincinden ayırt edilemez olacak. Buna **ata-simülasyonları** denir.

Güç merkezi

Bu argümanın ikinci kısmıysa şudur: Gelecekteki herhangi bir gelişmiş uygarlığın emrinde muazzam miktarda bilgi işlem gücü olacak, öyle ki bugün sahip olduğumuz her şeyi gölgede bırakacaktır. Daha sonra bu gelişmiş işlem gücünü, ata-simülasyonlarını çalıştırmak için kullanabilirler.

Soru işaretleri

Bir bilgisayar simülasyonunda yaşadığımız kanıtlansa bile, koca bir soru cevapsız kalıyor. Orijinal, simülasyon olmayan dünya nereden geldi? Bir yanda da ortada şöyle bir soru var: Bizim gerçekliğimizin içine yerleşmiş kendi ata-simülasyonumuzu icat etseydik ne olurdu? Yoksa bu zaten defalarca oldu mu?

ÇİÇEK HASTALIĞI BUGÜNE DEK DÜNYA ÜZERİNDEN SİLEBİLDİĞİMİZ TEK HASTALIK

Çiçek hastalığı bir zamanlar son derece bulaşıcı ve ölümcül bir hastalıktı. 1980'den önce çiçek hastalığı, dünyanın en ölümcül hastalıklarından biri olarak kabul ediliyordu ve enfekte olan **her 10 insandan 3'ünü** hayattan koparıyordu. Ancak halk sağlığı çabaları ve dünya çapındaki bir bağışıklık kazandırma projesi sayesinde sonunda onu dünya üzerinden silebilmeyi başardık!

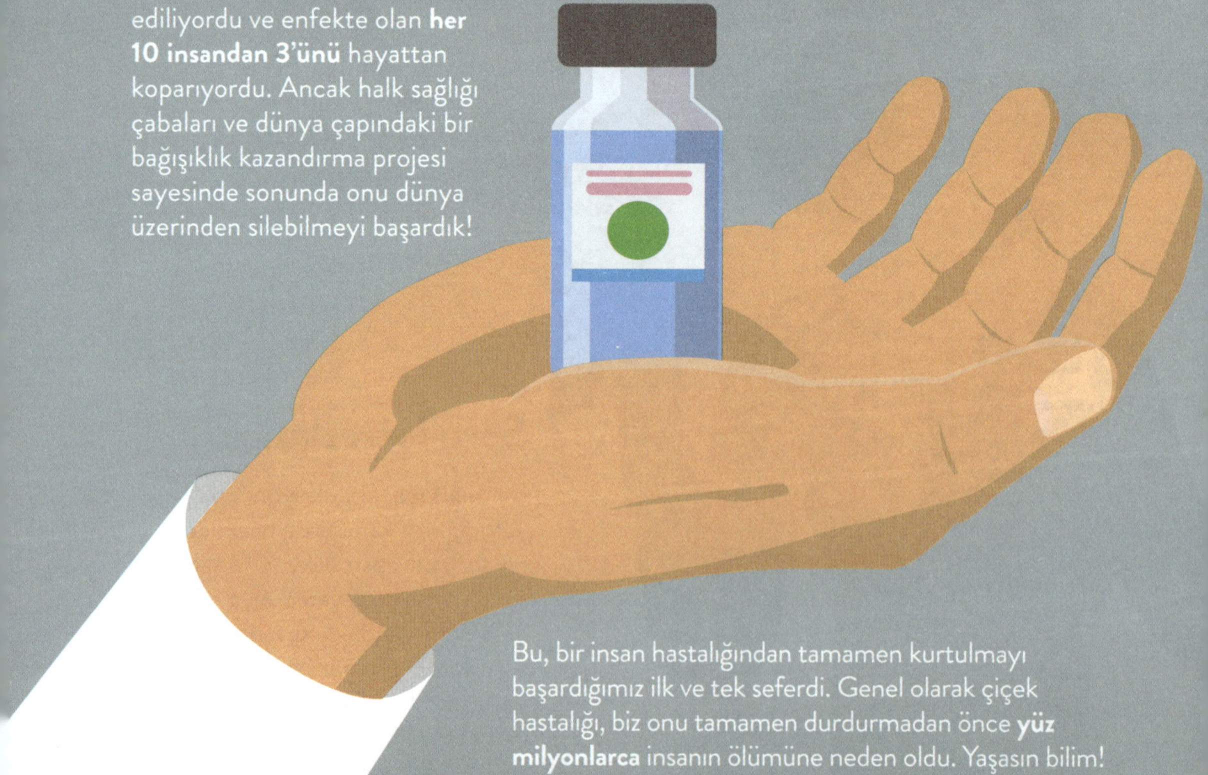

Bu, bir insan hastalığından tamamen kurtulmayı başardığımız ilk ve tek seferdi. Genel olarak çiçek hastalığı, biz onu tamamen durdurmadan önce **yüz milyonlarca** insanın ölümüne neden oldu. Yaşasın bilim!

300 MİLYON

20. yüzyılda çiçek hastalığından öldüğü tahmin edilen ortalama insan sayısı.

Ismarlama çözüm

Çiçek hastalığı aşısı 18. yüzyılda yaşayan İngiliz bilim insanı **Edward Jenner** sayesinde keşfedildi. Jenner **"sığır çiçeği"** adı verilen hafif bir hastalığa yakalanmış sütçü kızların, çiçek hastalığına karşı bağışıklığı olduğunu fark etti! Daha sonra, çiçek hastalığına karşı geliştirdiği aşısında sığır çiçeğini kullandı. Sonunda aşıda, sığır çiçeğine benzer bir virüs olan **"vaksiniya"** yer aldı. Bu, İngilizcede aşı anlamına gelen **"vaccine"** kelimesinin kökenidir.

Bir mumya kadar ketum

Çiçek hastalığı, insanlar tarih kaydı almaya başladığından beri hayatımızda. Tenlerinde çiçek lekeleri olan Mısır mumyaları bile var!

Kitle imha silahları

Çiçek hastalığı artık olmasa da geri dönme olasılığı her zaman vardır; hatta bazı insanlar biyolojik bir silah olarak kullanılmasından korkar. Birleşmiş Devletler her ihtimale karşı, her bir vatandaşını aşılamak için yeterince aşı stokladı.

LAZERİ SUDA H

Lazerler harikadır ve basitçe en iyi bilimsel icatlardan biridir! Süper güçlüdürler, inanılmaz derecede çok yönlüdürler ve çok uzun mesafelerde hareket etme yetileri vardır. Ne kadar havalı olduklarından bahsetmeye gerek yok bile! Bu nedenle, bir lazerin sahip olduğu tüm bu güce rağmen lazer ışınını suda hapsetmenin aslında ne denli kolay olduğunu öğrenmek seni şaşırtabilir. Dahası, bunu evde bile yapabilirsin. Çocuk oyuncağı!

Kapana kısılmak

Lazerini yakalamak için bir lazer işaretçisine ve suyla dolu büyük bir plastik şişeye ihtiyacın olacak. Şişeyi eline al ve yan tarafına bir delik aç, buradan dışarı kavisli bir su akışı olacaktır. Şimdi lazer işaretçiyi şişenin içinden doğrult. Lazer ışının, oluşturduğun şelalenin içinde hapsolacak ve suyun akışıyla aşağı doğru kavis çizecek!

SIRA SENDE!

Kendi lazer ışınını hapsetmek için bu yöntemi kullan!

APSEDEBİLİRSİN

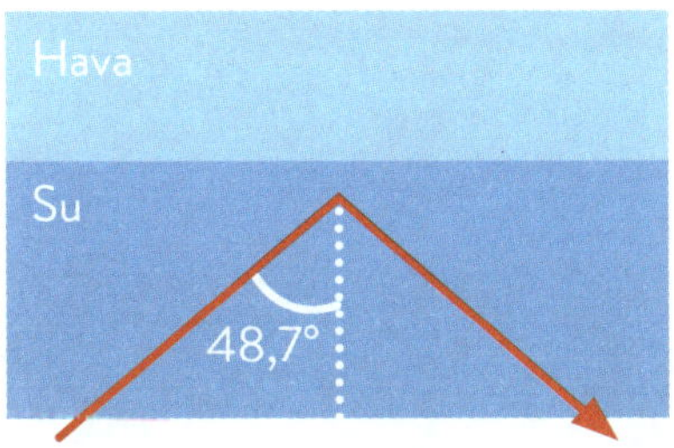

Yansımaya dair

Lazerden çıkan ışık huzmesi belirli bir açıyla su birikintisinin ucuna çarptığında, içinden geçmek yerine yansımaya zorlanır. Bu yansıma, ışık sürekli olarak uca çarptıkça tekrar tekrar gerçekleşir ve lazerin, şişeden akan suda hapsolmasına neden olur. Bu işleme **toplam iç yansıma** denir.

Her yol mübah

Toplam iç yansımanın gerçekleşmesi için ışığın, yoğun bir ortamın içindeyken daha az yoğun bir ortamın sınırına hareket etmesi gerekir; örneğin, su ve hava. Işık ayrıca sınıra "kritik açı"dan daha büyük bir açıyla çarpmalıdır. Su ve hava için bu açı **48,6°**. Açı bunun üzerine çıktığında, ışık geri yansır.

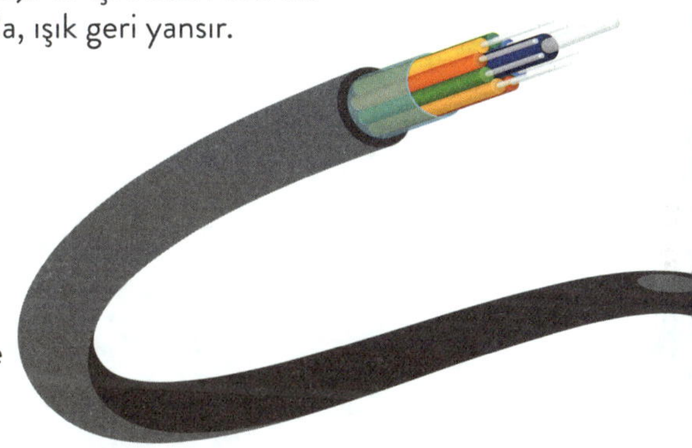

Fiber optik

Hızlı internet sağlayıcı kablolar da toplam iç yansıma kullanır. Optik fiber kablolar, ışık huzmesini içeride hapseden uzun cam veya plastik fiberlerden yapılmıştır.

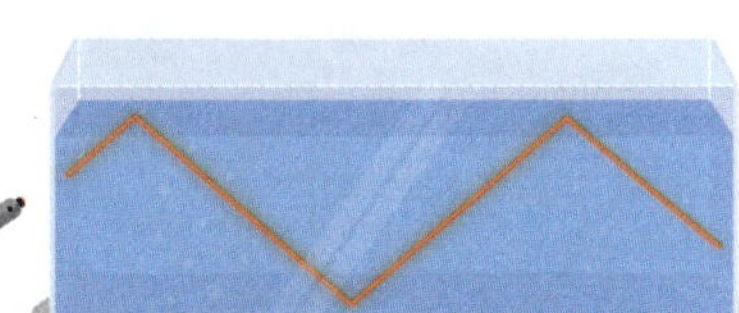

Düşünce havuzu

Toplam iç yansımaya, suyla dolu camdan bir tankta da şahit olabilirsin! Işını tam olarak doğru açıyla gönder; suyun yüzeyinden sekip tanka geri dönecek, ardından dipten sekip tekrar dışarı çıkacaktır!

DÜNYANIN TÜM PLASTİKLERİNİN SADECE %9'U GERİ DÖNÜŞTÜRÜLDÜ

Dört bir yanımız plastiklerle çevrili. Kelimenin tam anlamıyla plastik her yerde. Hafif, sağlam, su geçirmez ya da sentetik malzemeden, öyle ya da böyle, plastik son 100 yılda herkesin hayatında büyük bir rol oynadı. Ancak ilk icat edildiği yıllarda bilimsel bir mucize olarak görülürken günümüzde çevresel bir tehdit olarak tüm nefretleri üzerine çekmeye başladı.

Sağlam, uzun ömürlü bir malzeme olarak avantajı, en büyük dezavantajı haline geldi. Plastik, bir çöplükte kalabilir, sokakları kirletebilir veya binlerce yıl boyunca doğaya karışmadan okyanusta yüzebilir. Geri dönüştürüyoruz evet; ancak giderek artan sayıdaki üretim (şimdiye kadar var olan tüm plastiğin yarısı son 13 yılda yapıldı), tüm plastiklerin %91'inin geri dönüştürülmediği anlamına geliyor. Mümkün değil!

Şu balık meselesi

2050 yılına gelindiğinde okyanuslardaki plastik ağırlığının balıklarınkini geçeceği tahmin ediliyor.

1 MİLYON

Dünya çapında her bir dakikada satın aldığımız plastik şişe sayısı.

450

Plastik şişelerin doğada ayrışması için gereken yıl sayısı.

8,3 TRİLYON

1950'den beri ürettiğimiz plastiğin kilogram cinsinden değeri. Bunun 6,3 trilyonu atık oldu bile. 8,3 trilyon kilogram, 1 milyar filin ağırlığına eşittir.

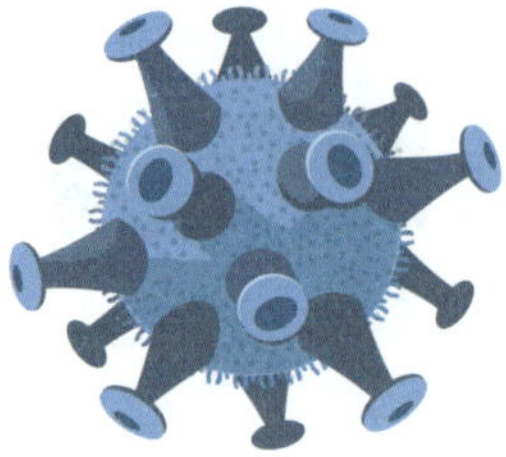

VİRÜSLER DE VİRÜS KAPABİLİR

Virüsler, hayatta kalmak ve çoğalmak için bir konakçı vücuda ihtiyaç duyan mikroskobik parazitlerdir. Her tür farklı organizmayı enfekte etme yeteneğine sahiptirler. Hayvanlara, bitkilere, böceklere, mantarlara ve hatta bakterilere saldırabilen virüsler vardır. Diğer virüslere bulaşan virüsler bile var!

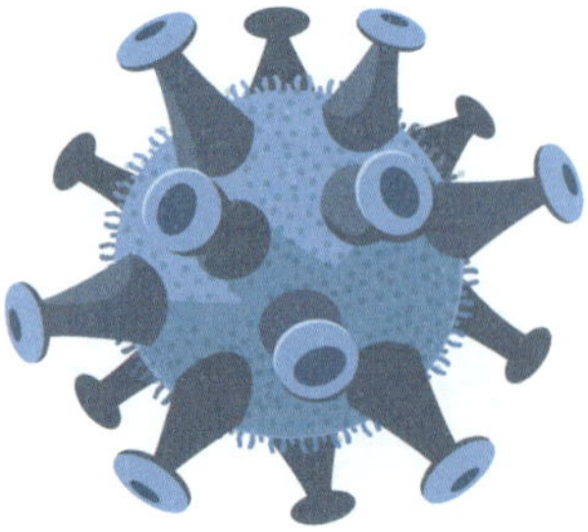

Viral oldu

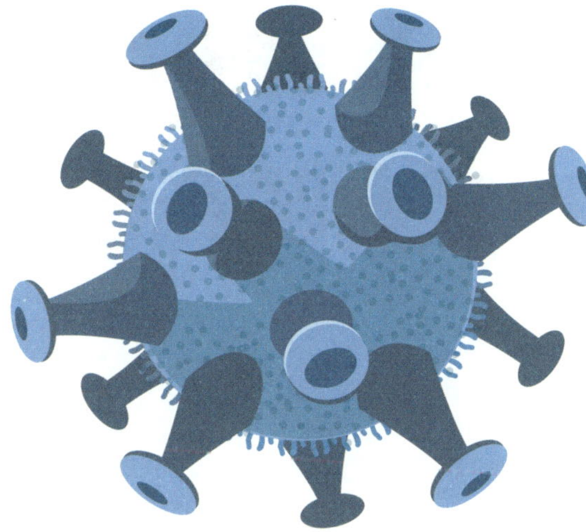

Daha büyük bir virüsün paraziti olan küçücük bir virüs ilk kez keşfedildi. Daha büyük virüsün bulaştığı bir hücrede çoğaldığında, daha büyük virüsün üremesine sorun çıkararak hastalanmasına neden olur!

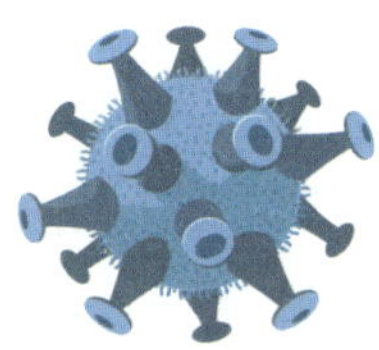

Hayat dolu

Virüsler diğer canlılarla ortak özellikler taşımadıkları için canlı olarak kabul edilmezler. Ancak bir virüsün diğerine bulaşabileceğinin keşfi, bunu sorgulatıyor. Bazı bilim insanları çok canlı olduklarını iddia ediyorlar!

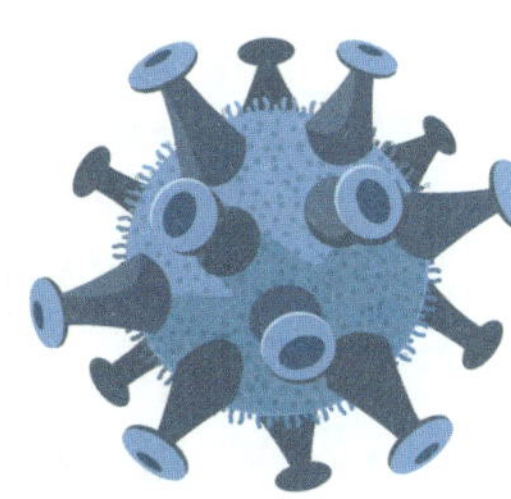

BUZLA ATEŞ YAKABİLİRSİN

Ateş ve su, en iyi ayrılmaz ikili olarak bilinmez. Bu nedenle, ateş yakmak için aslında biraz donmuş su kullanabileceğini öğrenmek seni etkileyebilir! Dahası bu, düşündüğünden çok daha basit bir süreç. Tek ihtiyacın olan berrak bir buz, doğrudan güneş ışığı ve iki elin.

SIRA SENDE!

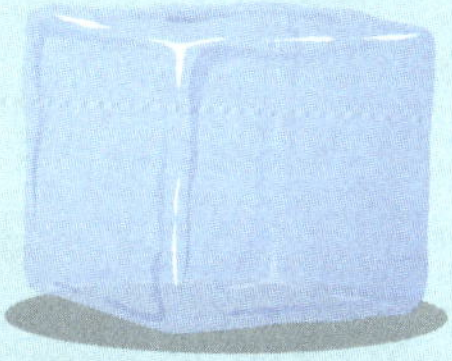

1 Bulabileceğin en berrak buz parçasını bul.

2 Ellerini kullanarak buzun dışını eritip inceltmeye koyul.

3 Buz inceldiğinde ona düzgün kenarlı dairesel bir şekil ver, tıpkı bir büyüteç gibi.

4 Buz yardımıyla güneş ışığını kavın üstüne odakla ve su damlamaması için ekstra dikkatli ol. Sabırla bekle, nihayet tutuşacak. Buzdan ateş yaptın.

Buzdan ateş yakmayı denemeye karar verirsen, **ne yaptığını bir yetişkine daima haber et** ki sana yol göstersin. Ateşini güvenli bir yerde yakmak önemlidir. Ayrıca buz büyütecini yalnızca kavına odakladığından emin ol!

IŞIĞIN GÖLGESİ YOKTUR

Işık nesnenin içinden geçemediğinde, nesnenin etrafında oluşan karanlık alana gölge denir. Etrafına bakarsan, kesinlikle her yerde gölgeler göreceksin! Masalardan oyuncaklara ve ağaçlardan termitlere kadar (canlı ya da cansız) her nesnenin gölgesi olabilir.

Ama gölgesi olmayan tek şey seni çok şaşırtacak. Işık! Bunun nedeni, ışığın ışığı engelleyememesidir. Aslında, bir ışığı ışıkla aydınlatacak olsaydın, yapacağın tek şey ilk ışığın yoğunluğunu artırmak ve daha da parlaklaşmasına yardım etmek olurdu.

SIRA SENDE!

Kâğıt tabak ve kalemden kendi güneş saatini yap. Eşit aralıklı on iki sayıdan oluşan bir saat yüzü çiz ve kalemi dik duracak şekilde tabağın ortasından geçir. Güneşli bir günde güneş saatini dışarı çıkar, düz bir yüzeye koy ve güneye baktığından emin ol. Kalemin gölgesi saatin üzerine düşecektir. Ta-daa!

İlk saat

Geçmişte, dünyanın ilk saatlerini geliştirmek için Güneş'in oluşturduğu gölgeleri kullandık. Bunlara **güneş saatleri** denir. Bunları kimin icat ettiğini bilmiyoruz ama dünyanın en eski bilimsel araçlarından biridir.

Ölçüp biçmek

Gölgeler, erken zaman tutma araçları olarak kullanılmalarının yanı sıra, Dünya'nın büyüklüğünü ilk kez kesin olarak hesaplamak için de kullanıldı. **2000 yılı aşkın bir süre önce Eratosthenes**, basit geometri ve gölge ölçümlerini birleştirerek bu inanılmaz görevi ilk gerçekleştiren olmayı başardı!

HAYV

ANLAR

MAYMUNLAR TAŞ DEVRİ'NE GİRDİ

İnsanlar için Taş Devri, ilkel taş aletler kullandığımız bir tarih öncesi dönemdi. Neredeyse **2,5 milyon yıl** boyunca böyle yaşadık; taa ki **5.000 yıl önce** metalle çalışmaya, bronzdan alet edevat ve silahlar yapmaya başlayınca kadar. Ama ufak beyaz suratlı Kapuçin maymunları için Taş Devri tam da şu an yaşanıyor! Her gün taş aletler kullanmalarıyla ve tekrar kullanmak üzere taşları sıklıkla saklamalarıyla biliniyorlar! Bunu **3.000 yıldır** yapıyorlar!

Maymun işi

Şempanzeler eksiksiz bir alet edevat takımına sahiptir: taş çekiçler, termit yuvalarına delik açmak için kullandıkları kürek benzeri dallar ve lezzetli böcek atıştırmalıklarını oldukları yerden çıkarmak için saman sondaları.

Çekicin gücü

İnsanlar taşları en az **3 milyon yıldır** çekiç ve örs olarak kullanıyor. Şimdi de bu küçük maymunlar, vücut ağırlıklarının neredeyse yarısı kadar büyük taşları kullanarak kabuklu deniz hayvanlarını, kuruyemişleri ve diğer yiyecekleri kırıp açıyor.

35

MİLYON

İnsanları Kapuçin maymunundan ayıran evrim yılı sayısı.

Birtakım maymunluklar

Orangutanlar, bal bulmak için kütüklerin içini kurcalarken çubuk kullanmanın yanı sıra, aynı zamanda her insan mimarı etkileyecek özenli yuvalar inşa etme yetisi olan harika mühendislerdir!

MANTİS KARİDESİ DÜNYANIN EN HIZLI VE EN GÜÇLÜ YUMRUĞUNA SAHİPTİR

Mantis karidesleri küçük olabilir (tipik olarak neredeyse **10 santimetre uzunluğundadırlar**) ancak bu küçük güç santralleri **saatte 80 kilometre** hızla yumruk atabilir ve bir mermiyle aynı kuvvette bir darbe indirebilir! Bu yumruk kesinlikle gözünü karartacaktır!

Yumruğu oturtmak

Akıllara daha da durgunluk veren şudur ki bu nefes kesici yumruk suya atıldığında, hatırı sayılır bir sürtünme ve dirençle hızla hareket etmeyi başarır... Mantis karidesi **saniyenin üç binde biri** kadar bir sürede gök gürültüsü şiddetindeki dayağını atarken, önüne hiçbir şey çıkamaz.

Kaynama noktası

Karidesin gücü ve hızı, üst kolundaki büyük kaslardan gelir; bu kaslar **yerçekimi kuvvetinin 10.000 katı kadar** bir hızla bir yay gibi gerilir! Karidesin kolu suyun içinde o kadar hızlı hareket eder ki bu, basıncı düşürüp suyu kaynama noktasına kadar iterek ışık patlamaları üretir.

Çatlamak

Bu sert kabuklular, güçlerini yengeçler, salyangozlar ve küçük balıklarla ziyafet çekmek için kullanır. Ancak büyük balıkları ve hatta ara sıra ahtapotları yemeleriyle bilinirler! Ayrıca akvaryum camını çatlatma ve teknelere zarar verme konusunda bir üne sahiptirler. Mantis karidesi, uğraşmak istemeyeceğin bir küçük dövüşçüdür!

ARILAR GÖRÜNMEYENİ GÖREBİLİR

Arıların dünyayı insanlardan çok daha farklı görür. Bunun sebebiyse arıların, bize görünmez olan bir tayfta ışığı görebilmeleridir: **ultraviyole tayf**. Eğer insanlar dünyayı bir arı gibi görseydi, bitkilere baktığımızda bir iniş şeridi görürdük. Bu iniş şeritleri arıları, beslenecekleri bitkinin nektarına yönlendirir.

Duygular karşılıklı

Arılar ve çiçekli bitkiler, **karşılıklı bağımlı** olarak tanımlanan bir ilişkiye sahiptir. Bu, her ikisinin de birbirinden faydalandığı anlamına gelir. Çiçekler, arıların yemek üzere topladığı ve kolonilerine geri götürdüğü nektar ve polen sağlar. Arılar da karşılığında, çiçeklerin çoğalmasına yardımcı olur; çiçekten çiçeğe uçarken, topladıkları polenleri yayarlar. Bu işleme **tozlaşma** denir.

Hayatta bir kez

Ortalama olarak bir işçi arı, tüm yaşamı boyunca yalnızca **bir çay kaşığı balın on ikide birini** üretecektir! Sadece bir çay kaşığı bal üretmek için **12 işçi arının** ömür boyu çalışması gerekir.

Kraliyet tedavisi

Bir kraliçe arı, sadece bir günde **2.000 yumurta** üretebilir! Kraliçe arı feromonları* yardımıyla hangi yumurtaların döllenmesi, hangilerinin döllenmemesi gerektiği üzerine işçilere talimat verir. Döllenen yumurtalar dişi, döllenmeyen yumurtalar erkek arı olur. Kraliçe balarıları **5 yıl** kadar yaşayabilir, yani **5-6 hafta** yaşayan işçi arılarından çok daha uzun süre boyunca. Ne zor hayat.

Bal senin hayal bile edemeyeceğin kadar şaşırtıcıdır. Hava geçirmez bir kapta saklanırsa, sonsuza kadar dayanır. Arkeologların Mısır mezarlarında bile **birkaç bin yıllık** bal bulduğunu biliyor muydun?

Şarkı söyle ve dans et

Balarıları, fiziksel hareketler aracılığıyla birbirleriyle iletişim kurabilir. Arılar "defol buradan" demek için birbirlerine kafa atmalarıyla bilinir. Kâşif arılar yeni bir potansiyel yuva bulduklarında, diğer kâşif arılara yuvanın nerede olduğunu söylemek için bir "sallanma dansı" yaparlar!

20.000

Bu, dünya üzerindeki farklı arı türlerinin sayısıdır. Balarıları, bombus arıları ve diğer birçok sinek ve yabanarısı benzeri yaratıkları içeren böceklerin bir üyesidir.

Ekmeğine yağ sürmek

Arılar genellikle bal yapmakla ilişkilendirilir ancak yaptıkları tek şey bu değildir! Salgı bezlerinden balmumu salgılayarak petek yapıları inşa ederler. Ayrıca yenilebilir bir polen ve bal karışımıyla bir çeşit arı ekmeği yaparlar. Tüm bunlar yeterli gelmediyse, kovanlarını kapatmak için kullandıkları, **propolis** denen yapışkan bir madde yaparlar. Çalışkan arılar!

*Aynı canlı türünün üyeleri arasında sosyal ilişkileri düzenleyen, uyarıcı etki yaratan kimyasal madde; salgılanan bir hormon. (ç.n.)

BRONTOSAURUS İKİ DEFA NESLİ TÜKENEN TEK DİNOZORDUR

Dinozorlar ilk olarak yaklaşık **245 milyon yıl önce** ortaya çıktı ve neredeyse **175 milyon yıl** boyunca Dünya üzerinde yaşadı. Bu inanılmaz devasa sürüngenlerden biri de Brontosaurus'tu. Çok uzun bir boynu, kocaman bir gövdesi ve bir kırbaç gibi muazzam uzunlukta bir kuyruğu vardı. Bu dev, yeşillikler üzerinde zarafetle otlaması ve kendisiyle aynı gruba mensup hayvanlarla birlikte barış içinde yaşamasıyla nam salmıştı.

Neredeyse tüm dinozorlar gibi, yaklaşık **66 milyon yıl önce** Brontosaurus'un nesli tükendi. Ama hikâyesinin burada bittiğini sanıyorsan yanılıyorsun! Bu dinozorun kemiklerini ilk olarak 1879'da ünlü paleontolog Othniel Charles Marsh keşfetti ve ona Brontosaurus (**gök gürültüsü kertenkelesi**) adını verdi.

Brontosaurus'un keşfinden sonra bilim insanları, onun başka bir uzun boyunlu dinozor olan **Apatosaurus**'la çok benzer olduğu sonucuna vardı; öyle ki unvanını bile hak edecek kadar. Ama son bilimsel bulgular bir kez daha Brontosaurus'un aslında kendi dinozoru olabileceğini öne sürdü. Bu demek oluyor ki Brontosaurus neslinin tükenmesinden geri dönen tek dinozor.

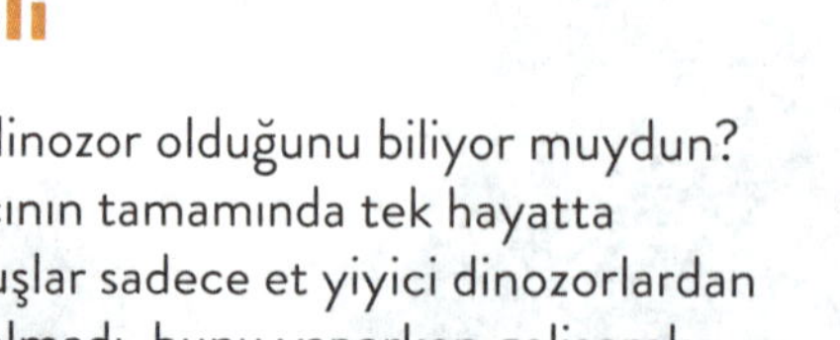

Kuş beyinli

Kuşların aslında dinozor olduğunu biliyor muydun? Dinozor aile ağacının tamamında tek hayatta kalanlar onlar! Kuşlar sadece et yiyici dinozorlardan evrimleşmekle kalmadı, bunu yaparken gelişerek **10.000 farklı türe** evrimleşti! Gerçek hayatta bir dinozorla karşılaşmak istersen, bir tavuğa bakmalısın. Yumurtalarının üzerinde kuluçkaya yatan dostlarımız, etten kemikten bir T-Rex'e en yakın canlılardır!

Kargaları taşlamak

Brontosauruslar otoburdu, yani bitkileri yerdi. Sen de tahmin edersin ki bu büyüklükteki bir dinozor ciddi miktarda yer! Üstelik yediklerini çiğnemezlerdi. Bu sebeple bilim insanları Brontosaurusların taşları bütün olarak yuttuklarına inanır. Bu taşlar midelerinde sindirilmezdi. Kulağa rahatsız edici gelse de karınlarındaki taşlar, bu gök gürültüsü kertenkelelerine yedikleri ciddi miktardaki bitkiyi sindirmelerinde yardımcı oluyordu.

SIRA SENDE!

Bir tavuğa ve yeniden yapılandırılmış bir T-Rex görüntüsüne yakından bak. Her ikisini de yan yana çizerek aynı aileden geldiklerini kanıtlayan benzerliklerini ayırt edebilir misin? Pençeli ayaklarından başlamak iyi bir fikir olabilir.

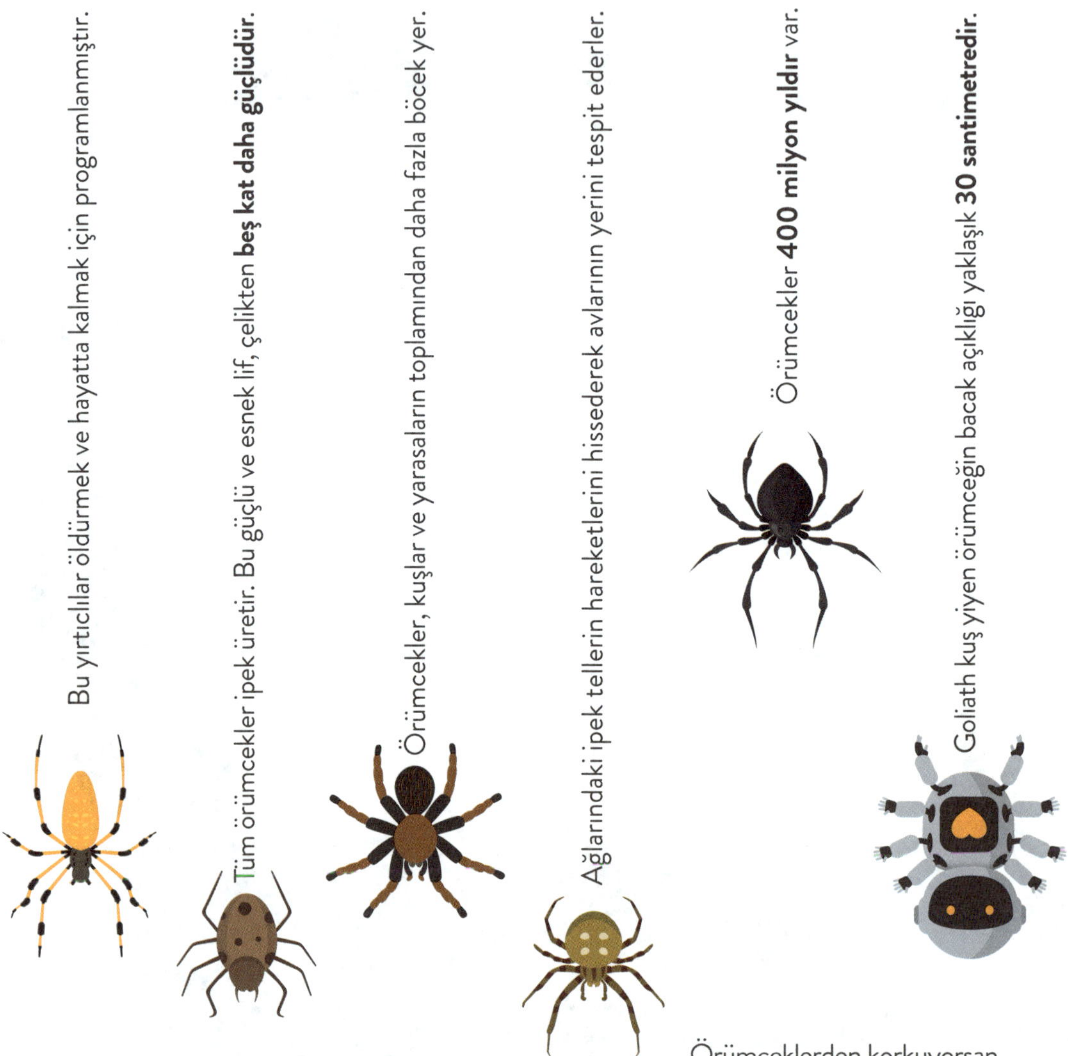

ÖRÜMCEKLER SADECE BİR YIL İÇİNDE DÜNYADAKİ TÜM İNSANLARI YİYEBİLİR

Örümceklerden korkuyorsan, şimdi okumayı bırakma zamanı! Sekiz bacaklı örümcek arkadaşlarımız topluca, **her yıl 400 milyar** ila **800 milyar kilogram** arası **av** tüketir. Dünya üzerindeki tüm insanların toplam ağırlığının yaklaşık **350 milyar kilogram** olduğu düşünülürse, dünyadaki örümceklerin bir araya gelip yakın zamanda akşam yemeği seçeneklerini tartışmamasını umarız. Bu ağ bükücüler isteseler her birimizle ziyafet çekebilir ve yine de daha fazlasını yiyebilecek iştaha sahip olabilirler!

Balık tutmaya gidenleri vardır! Yüzer, dalar ve hatta su yüzeyinde bile yürürler.

Bazı örümcekler silah olarak ipek topları ateşler.

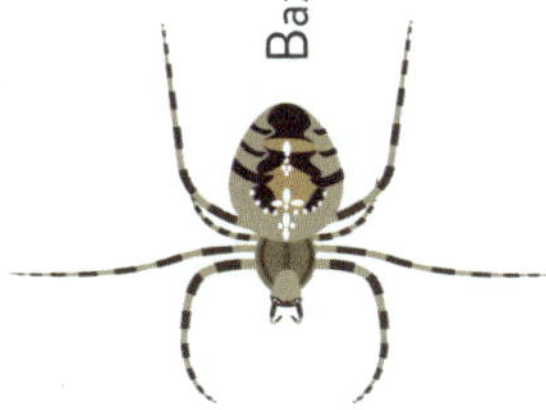

Koşullar uygun olduğunda, **metrekare başına farklı 1.000 örümcek** düşebilir.

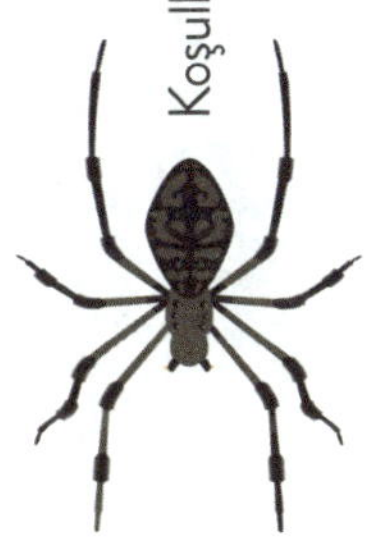

45.000'den fazla **farklı örümcek** türü vardır.

Dış iskeletleri vardır, bu yüzden **eksoskeleton** olarak da bilinirler.

Tüm örümcekler et yiyici değildir. Bahgeera kiplingi daha çok bitki yiyici türdür.

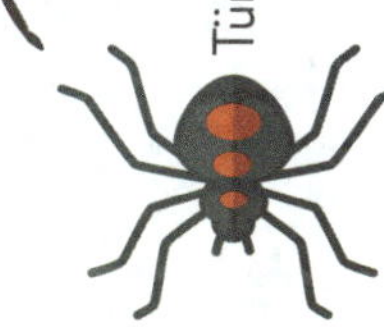

Em gitsin

Birçok örümcek türü et yiyicidir. Çoğu örümcek, ağlarını sinekleri ve diğer böcekleri tuzağa düşürmek için kullanır ama kimi doğrudan onları avlamayı tercih eder. Örümcek avını bir kez yakaladığında, işler kısa sürede oldukça çirkinleşir. Yiyeceklerini olduğu gibi yutamadığı için örümcek, yemeğine sindirim sıvıları enjekte eder. Sindirim sıvıları işini bitirdikten sonra örümcekler sıvılaşmış kalıntıları emer!

Uçup gitme zamanı

Örümcekler avlarını sıvılaştırmakla meşgul olmadıklarında, rüzgârı ve elektrik alanını ipek iplikleriyle yakalamaktan ve uçmaktan hoşlanır! Buna **"balonculuk"** veya **"uçurtma uçurma"** denir. Öyle ki denizciler, karaya **1.600 kilometreden** uzak bir mesafede örümceklerin, gemilerinin yelkenlerine yakalandığını bildirmiştir. Ancak en çılgın kısmı bu değil; örümcekler deniz seviyesinden yaklaşık **5 kilometre** yükseklikteki atmosferik veri balonlarında bile tespit edildi.

DÜNYA ÜZERİND HAYVANDAN BİRİ

Etrafta çok fazla kınkanatlı var. Bu böcekler, insanların keşfettiği **tüm hayvan türlerinin dörtte birini** oluşturur. Şimdiye kadar **400.000**'den fazla **farklı kınkanatlı türü** keşfettik ve tanımladık ancak **3 milyon** türü daha olabileceğinden şüpheleniyoruz! Kınkanatlılar sadece hayvan krallığına egemen olmakla kalmaz, şimdiye kadar tanımlamayı başardığımız Dünya'daki tüm yaşam türlerinin **beşte biri** ile **üçte biri** kadarını oluşturur. Mütevazı kınkanatlının inkâr edilmez başarısı tamamen, son derece çeşitli ve kendine has roller üstlenmek üzere evrimleşmesinden kaynaklıdır; ağaçları tozlaştırmaktan hayvan gübresi yemeye kadar... Çok cazibeli değil ama çok etkililer!

Bu, keşfettiğimiz ve kınkanatlı olarak tanımlanan tüm böcek türlerinin miktarıdır.

Hayatta kalanlar

Bugün bilinen böcekler **270 milyon yıldır** varlar. Bu demek oluyor ki daha dinozorlar bile yokken Dünya'nın etrafında koşuşturuyorlardı. Yani dinozorları öldüren her neyse, bu dirençli küçük arkadaşlarımızı öldüremedi. Milyonlarca yıldır kınkanatlılar bir şekilde uyum sağlamayı ve hayatta kalmayı başardı.

Kİ HER DÖRT KINKANATLIDIR

Çırpınan kanatlar

Kınkanatlıların sadece bir çift değil, iki çift kanadı vardır! İlk çift, ikinci çifti koruyan sert kanat kılıflarıdır. İkinci çift ise uçmak için kullanılır.

Orada, burada, şurada, her yerde

Kınkanatlılar gezegenin hemen hemen her yerinde yaşar ancak onlara rastlamadığımız tek yer, kutup bölgelerinin buzları ve okyanusların tuzlu sularıdır.

Kaplan Kral

Boyutu göz önünde bulundurulduğunda, **kaplan böceği** Dünya'daki en hızlı yaratıktır. Bu kınkanatlı **saatte 9 kilometre hızla** koşabilir, yani tek bir saniyede kendi vücut uzunluğunun **125 katı** kadar! Kıyaslamak gerekirse, insanlar bu süre içinde kendi vücut uzunluklarının sadece **beş katı** kadar koşabilir. Bir yarışta kaplan böceğini yenmek için, bir kişinin **saatte 770 kilometre** koşması gerekir!

Ölümle dans etmek

Bizim için köpekbalıklarından daha ölümcül olan, sadece otomatlar değil. Düşen hindistancevizi, mantar tıpa, yatak, merdiven, suaygırı ve sivrisinek tehlikesi altındayız. Her yıl şu gibi ölümler oluyor:

10

Köpekbalığı saldırısı kaynaklı ölüm sayısı

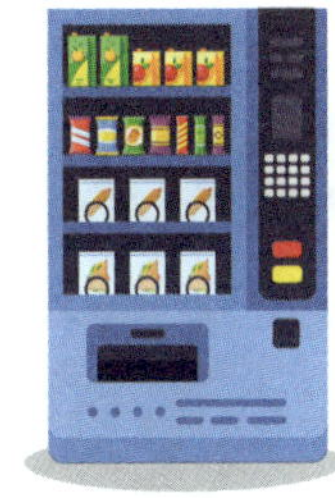

13

Dünya genelinde **otomatlar** kaynaklı ölüm sayısı

150

Dünya genelinde düşen **hindistan cevizleri** kaynaklı ölüm sayısı

450

ABD'de **yataktan düşme** kaynaklı ölüm sayısı

24

Dünya genelinde fırlayan **mantar tıpalar** kaynaklı ölüm sayısı

355

ABD'de **merdivenden düşme** kaynaklı ölüm sayısı

500

Afrika'da **suaygırı saldırısı** kaynaklı ölüm sayısı

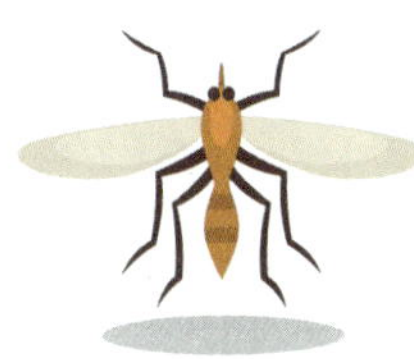

830.000

Dünya genelinde sıtma, Zika, dang humması, Japon ensefalit ve sarıhumma hastalıklarının virüsünü taşıyan **sivrisinekler** kaynaklı ölüm sayısı

Kökünü kazımak

Yılda sadece **10**'umuzu öldürdükleri düşünülürse, her yıl insanların tahminen **100 milyon** köpekbalığı öldürmesi kulağa korkunç geliyor; üstelik bazıları bu sayının **300 milyona** yakın olduğunu öngörüyor! **100 milyon** tahminini ele alırsak bu, **saat başı 11.416 köpekbalığının** öldürüldüğü anlamına gelir.

Eski toprak

Köpekbalıklarının insanları uzun süredir dehşete düşürdüğü doğru ancak onlar bundan bir o kadar daha uzun süredir Dünya okyanuslarında yüzmekteler; netleştirmek gerekirse **450 milyon yıldır**. Bu, dinozorlardan **230 milyon yıl** öncesi eder! Köpekbalıkları, **370 milyon yıl önce,** sonradan ormanları meydana getiren ilk ağaçlardan bile daha yaşlılar.

KEDİLER SADECE İNSANLARA MİYAVLAR

Beslenme talep eden bir evcil kedinin yüksek sesli ve tekrarlayan miyavlaması, insanlarla ve diğer kedilerle iletişim kurarken çıkardığı bir ses olarak düşünülür. Ancak gerçek şu ki yetişkin kediler çok nadir birbirlerine miyavlar ve bu yalnızca insanlarla sohbet ederken çıkardıkları bir sestir. Ne şanslıyız ama!

Kedi yavruları dikkatini çekmek için annesine miyavlar ancak büyüdüklerinde diğer kedilere miyavlamayı bırakır. İnsanlarla birlikte yaşayan kediler "bebek davranışlarını" sahiplerine karşı kullanır, biz de bu taleplerine karşılık veririz. Hatta bazen kedilerle daha yüksek perdeden farklı bir sesle konuşuruz.

Hadi konuşalım

Miyavlama gibi, tüylü arkadaşlarımızın bizimle iletişime geçerken kullandığı yaklaşık **100 farklı kedi sesi** vardır. Bunlardan bazıları mırlama, hırlama, homurdanma, cırlama, tıslama, inleme, mivleme, geğirme ve zırlamadır.

Başlar ve kuyruklar

Kediler sözlü iletişim kurmanın yanı sıra ruh hallerini ve ne düşündüklerini bize anlatmak için kulaklarını, gözlerini, vücut pozisyonlarını ve en önemlisi, kuyruklarını kullanır.

Bir kedinin kuyruğu çeşitli pozisyonlarda inanılmaz derecede hızlı veya yavaş hareket edebilir. Havaya diktikleri kuyruk kılları diken diken olabilir ki bu çok sinirli oldukları anlamına gelir!

YUNUSLAR İNSA

Yunuslar son derece zekidir. Bazen insanlar kadar zeki olarak tanımlanırlar, hatta söz konusu kişiye bağlı olarak belki de daha fazla! Bizler gibi yunuslar da kendilerini aynada ayırt edebilir; bu bir özbilinç belirtisidir. Çoğu hayvan bu yetiye sahip değildir. Ayrıca beden uzuvlarının tam anlamıyla farkında ve her birinin hareketinden kendilerinin sorumlu olduğunun bilincindedirler. Eşzamanlı olarak, bizim gibi onların da duyguları vardır ve otokontrol gösterebilirler. Bu benzerliklerin yanı sıra yunusların birçok farklı yönden zeki oldukları da aşikardır, belki de bu yüzden onlara evrimsel açıdan denklerimizmiş gibi davranmalıyız.

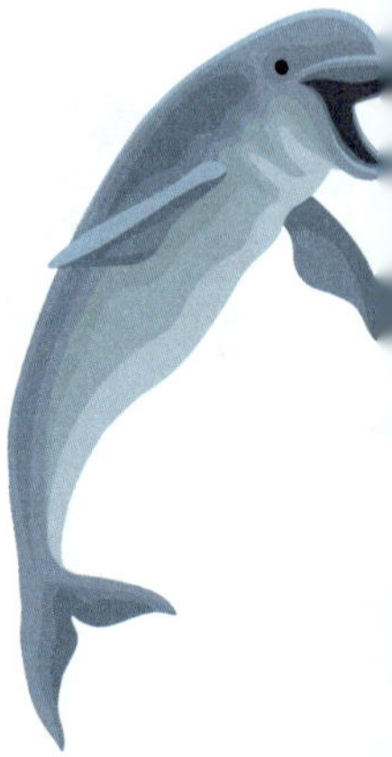

Yas tutmak

Yunuslar ayrıca yaşam döngüsünün son derece bilincinde gibi görünür ve vefat edenlerin yasını tutar. Yas tutma törenine benzer bir şekilde, ölü yunusun naaşını okyanusun yüzeyinde tutarlar. Bu normalde yarım saate yakın sürer ancak bazen seremoni günlerce devam edebilir!

Ne düşündüğünü biliyorum

Yunuslar çok sıkı sosyal gruplar oluşturur. Aslında bu gruplar birbirine öyle yakındır ki bazı bilim insanları yunuslar arasında bir telepati biçimi geliştiğini öne sürmektedir.

İmza niteliğinde

Yunuslar, insanların konuşmasına çok benzeyen bir tür sözlü iletişim yeteneğine sahiptir. Birbirleriyle iletişim kurmak için son derece gelişmiş bir dizi ıslık, klik, tıklama ve vızıltı sesleri kullanırlar. Her yunusun, onun için bir tür isim yerine geçen, kendi imzası niteliğindeki ıslığı bile vardır.

Resmiyete dökelim

Hindistan'da yunuslar resmi olarak insan dışı kişiler olarak kabul edilmiştir. Yaşama ve özgürlük hakları her zaman korunmak zorundadır.

I DIŞI KİŞİLERDİR

DOMUZLAR YUKARI BAKAMAZ

Domuzların harika bir koku alma duyusu vardır, öyle ki insanlarınkinden **2.000 kat daha hassastır**! Bu yüzden onları sıklıkla burunlarını yere eğmiş, pisliği koklayıp kazarken ve yiyecek peşinde koşarken görürsün.

Bu muhteşem koku yetisi ayrıca domuzlara büyük bir fiziksel dezavantaj sağlar. Domuzlar başlarını 15°'nin üzerine kaldıramazlar, yani kafalarını birazcık kaldırabilirler ancak gökyüzündeki bulutlara bakmaya yetecek kadar değil. Daha yükseği görmek için ön ayakları üzerinde yükselebilir veya sırt üstü uzanıp yukarı bakabilirler. Ancak endişelenme, domuzlar bunu umursamıyor gibi görünür çünkü genellikle bir sonraki lezzetli ziyafetlerini yerde bulmakla ilgilenirler.

SIRA SENDE!

15°'yi ölçmek için bir pusula ya da iletki kullan. Bir domuz gibi davran ve bir domuzun bakışına sahip olmanın tam anlamıyla ne kadar sınırlayıcı olduğunu anlamak için bundan daha yükseğe bakma!

Sosyal ağ

Domuzlar çok sosyal hayvanlardır, diğer domuzlarla ve başka hayvanlarla da çok yakın bağlar geliştirirler. Çok iyi arkadaşlardır, hatta bir diğerini sıcak tutmak için birbirlerine sokulmayı severler.

Akıllı bıdıklar

Yukarı bakamamaları, akıllı olmadıkları anlamına gelmez. Domuzlar en zeki hayvanlardan biri olarak kabul edilir, öyle ki zekâlarıyla köpekleri ve şempanzeleri alt edebilirler! Domuzların 2 yaşındaki bir insanla aynı zekâ seviyesine sahip olduklarını düşünüyoruz.

2 MİLYAR

Bu, dünyadaki toplam domuz sayısıdır. Danimarka'da **6 milyon insan** ve neredeyse **18 milyon domuz** vardır. Yani insan sayısından **üç kat fazla**!

Domuzlar son derece sosyal ve konuşkandır, birbirleriyle iletişim kurmak için homurdanırlar. Bir diğerinin nasıl olduğunu homurtularıyla kontrol ederler. Bu homurtular domuzun kişiliğine göre çokça değişiklik gösterebilir.

BAYKUŞLARIN UZUN BACAKLARI VARDIR

Hayvanlar dünyasındaki pek çok şey dışarıdan göründüğü gibi değildir ve buna baykuşlar da dahildir. Baykuşun alttaki tüylerini kaldıracak olursan, bulacağın şeyin çok uzun, sıska bir çift bacak olduğunu biliyor muydun?

Tek lokmada midede

Baykuşlar dişleri olmadığı için avlarını bütün olarak yutar. Kürk, deri, kemikler... hepsi tek lokmada.

Bacak çalışması

Baykuşlar inanılmaz avcılardır ve güçlü tutuşları bacak kaslarının kuvvetinden gelir. Avlarını yakalamalarına yardımcı olan, zun bacaklarıdır!

Sıkı tutun

Baykuşlar **zigodaktildir**. Yani ayaklarının öne bakan iki orta parmağı ve arkaya bakan iki dış parmağı vardır. Bu, avlarını sıkıca tutmalarını sağlar. Bununla birlikte, zigodaktil olan diğer kuşların aksine, baykuşlar bir ayak parmağını arkadan öne doğru hareket ettirerek yürüyüp tüneyebilir.

BUGÜNE DEK VAR OLMUŞ EN BÜYÜK HAYVAN, BİR GREYFURTTAN DAHA BÜYÜK BİR ŞEYİ YUTAMAZ

Mavi balinalar tartışmasız okyanus krallarıdır. Kara ve denizdeki en büyük dinozorların **üç katı büyüklüğündedir** ve günümüzde yaşayan diğer tüm canlılardan daha büyüktürler. Bu büyüklükteki bir yaratığın benzer muazzamlıktaki yiyeceklerle ziyafet çekeceğini düşünebilirsin; ancak tam olarak öyle değil.

Mavi balina büyük olmasına rağmen boğazı ufacıktır, bu da onun bir greyfurttan daha büyük herhangi bir şeyi yutmasını engeller. Ama bir mavi balina yediğinde, kesinlikle bol miktarda yer!

Atıştırmalık saldırısı

Mavi balinanın tercih ettiği yiyecek **krildir**. Bu minyatür, pembe, karides benzeri yaratıklar, balinanın ince boğazından kayda değer bir kolaylıkla aşağı kayar. Bu balina atıştırmalıkları karın doyuran sayılar halinde bir yerlere üşüşmeyi sever, öyle ki bazı sürüler **90 milyon kilogramlık** ağırlığa sahiptir; bu da yaklaşık **643 mavi balinaya** eşdeğerdir!

Beslenme çılgınlığı

Seyahat ederken ve üreme döneminde, mavi balinalar kimi zaman **6-8 ay** boyunca açlığa dayanabilir. Tahmin edebileceğin gibi, bu açlıktan gözü dönmüş balinalar, krillerin bol miktarda olduğu sulara döndüğünde geri durmazlar. Beslenme mevsimleri boyunca, mavi balinalar tek bir günde **40 milyondan fazla kril** tıkınabilirler. Bu yaklaşık **4.000 kilogram** besin eder!

Apaçık

Mavi balinalar, devasa kril sürülerini mideye indirmek için kocaman ağızları ardına kadar açık halde yüzerek muazzam karides kokteyllerini bir bütün olarak yutar. Bu süreçte büyük miktarda su da yutarlar ve bu suyu **2.700 kilogramlık dilleriyle** süzerler.

GÜNÜMÜZDEKİ HER BİR KÖPEK, GRİ KURTLA ORTAK BİR ATAYA SAHİP

İnsanın en yakın arkadaşının en göz alıcı şekiller, boyutlar, renkler ve kürklere sahip olduğunu anlamak için bir köpek parkında sadece beş dakika geçirmen yeterlidir. Aslında **340'tan fazla farklı köpek türü** var! Tüm bu farklı ırkların gri kurt, ***canis lupus*** ile tek bir ortak ataya sahip olması oldukça sıra dışıdır.

Akıllı bıdıklar

Köpeklerin evcilleştirilmesinin ardında yatan sebepler hâlâ belirsizdir. Bir teori, köpeğin kurt atalarının, insan avcı-toplayıcılarla, kamplarının eteklerine yakınlaşarak ve artık yiyecekleri silip süpürerek arkadaş olduklarıdır. Daha uslu ve daha az saldırgan olan kurtlar bu konuda en başarılı olanlardı çünkü bu onlara yeni insan arkadaşlarına karşı nasıl davranmaları gerektiğini öğretmiştir. Akıllı bıdıklar.

Aile saadeti

Bilim insanları, köpeklerin ortak atasının, **34.000 yıl kadar önce** Avrupa ya da Asya'da yaşamış tarih öncesi bir kurt olduğuna inanıyor. İnsanların yaşadığı bilinen mağaralarda **33.000 yıl** öncesine ait köpek kafatasları bulundu. Bu kanıt, köpeklerin evcilleştirilen ilk tür olduğunu, hatta insanlar tarımı icat etmeden önce bile bizimle birlikte evrimleşmeye başladıklarını gösteriyor!

Kankalar

İnsanların artık yemekleri karşılığında kurtların diğer hayvanları avlayıp korkutmak konusunda bize yardım ettikleri düşünüldüğünde, avcı-toplayıcı atalarımızın kurtlarla simbiyotik bir ilişki geliştirmeleri kulağa mantıklı geliyor. Zamanla bu ilişki, kurtların günümüzdeki hayvan dostlarımıza dönüşmesiyle gelişti. Aslında seçici köpek yetiştirmeyle bugün bilinen engin ırk çeşitliliğine katkıda bulunduk. Köpeklerle süregelen uzun arkadaşlığımızı geliştirirken onların evrimini de doğrudan etkiledik.

KARINCALAR DÜNYA'YI ELE GEÇİRMİŞTİR

Bir tür olarak, insanlar oldukça kendini beğenmiş olabilir; hiç şüphesiz kendimizin Dünya üzerindeki baskın tür olduğunu düşünürüz. Sayımız **7,8 milyarı** geçti; kendi ihtiyaçlarımızı karşılamak üzere medeniyetler inşa edip mühendisliğimizi konuşturarak yerküreyi en etkili şekilde kuşatmayı başardık.

Ancak başka bir türün halihazırda yönetimden sorumlu olabileceği ortaya çıkmıştır, sadece şimdiye dek hakimiyetlerini gizlemişlerdir. Karıncalar çoktandır gezegeni kontrol ediyor. Nüfus açısından onlardan **10.000.000.000.000.000** tane var; bu **10.000** trilyon karınca demektir! Bu akıllara durgunluk veren sayıya göre, insan başına **1,3 milyon** karınca düşüyor.

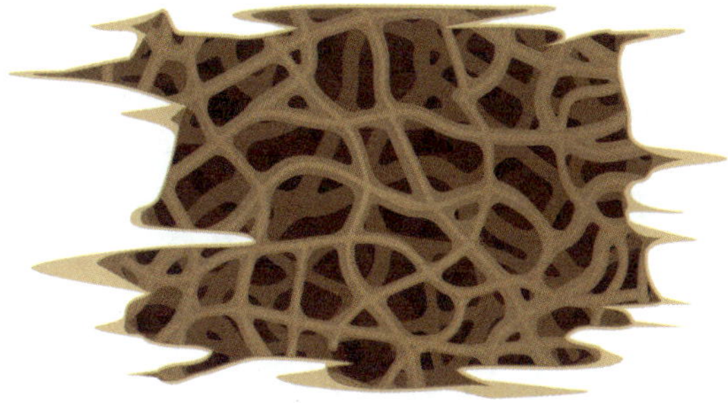

Her şey eşit

Biz insanların üstün büyüklüğünün bizi baskın tür kıldığını düşünüyorsun, değil mi? Yanlış. Gezegendeki her bir karıncanın ve her bir insanın toplu ağırlıklarını karşılaştırırsan, bu iki biyokütlenin yaklaşık olarak eşit olduğu sonucuna varırsın.

Aşırı davranış

Karıncalar sadece sayıca muazzam değiller, aynı zamanda her yerdeler! Sahara Çölü'nden tut Kuzey Kutup Dairesi'nin yakınlarına dek, doğal dünyanın çeşitli uç noktalarında hayatta kalma yetenekleri göz önüne alındığında, karıncaların gezegendeki hemen hemen her kara parçasında olmaları şaşırtıcı değil.

Arı kovanı gibi

Ayaklarımızın altında yaşayan karıncalar son derece zekidir. Bireysel olarak, tek bir karınca o kadar zeki görünmeyebilir; ancak işbirliği yaparak, karıncalar olağanüstü sorunları kovan akıllarıyla çözebilir. İnsanlar gibi, karınca kolonileri de etraflarındaki dünyayı mühendislikleriyle geliştirme gücüne sahiptir. Yerin altında fazlasıyla ayrıntılı ve bağlantılı odalar inşa eden bu karınca kolonileri, birlikte çalışıp işbölümü yapar.

Kazazede olarak doğanlar

İnsanlar sonsuzluk gibi görünen bir süredir Dünya'da. Ama yaklaşık **200.000 yıllık** varlığımız, **130 milyon yıl önce** gezegeni dinozorlarla paylaşan karıncalarla kıyaslandığında hiçbir şey. Üstelik onlar, dinozorları yeryüzünden silip atan kitlesel yok oluştan kurtuldu! Hepimiz karınca ustalarımızı selamlayalım!

KOALALARIN PARMAK İZLERİ NEREDEYSE İNSANLARINKİNİN KOPYASIDIR

Polisler yerel hayvanat bahçesinde, koala bölümündeki bir suç mahallini araştırsaydı işleri kesat giderdi. Orada buldukları herhangi bir insan ya da koala parmak izi arasındaki farkı söylemekte son derece zorlanırlardı. Koala ve insan parmak izleri aslında o kadar benzer ki mikroskop altında görüntülendiğinde bile, kendine has kıvrımlı desenleri birbirinden ayırt etmek zordur.

Kılı kırk yarmak

Eşsiz parmak izlerine sahip tek hayvan koalalar değil, şempanzeler ve goriller gibi diğer yakın insansı akrabalarımızın da parmak izleri var! Parmak izlerimiz, bir şeyleri kavramamızın yanı sıra dokunuşumuzu daha hassas hale getirmeye inanılmaz derecede yardımcı olur. Böylece bir şeyleri tutup onlara dokunduğumuzda, daha ayrıntılı bir duyusal deneyim yaşamamızı sağlar.

Koalalar ne yedikleri konusunda çok titizdir ve akşam yemeklerinde belli bir olgunluktaki okaliptüs yapraklarını tercih ederler. Parmak izleri, yemeklerini mideye indirmeden önce koalaların gerçekten iyi bir inceleme yapabilmelerini sağlar.

Parmak uçlarına yakından bak. Parmak izleri, her parmağın ucundaki minik kabartılar, kıvrımlar ve desenlerdir. Bugüne dek aynı parmak izlerine sahip iki varlık bulunamadı, bu hem insanlar hem de hayvanlar için geçerli! Parmak izleri görünürde benzersizdir, kime ait olursa olsun. Ancak bu *tamamen* benzersiz oldukları anlamına gelmez. Parmak izinin bir başkasınınkiyle tam olarak eşleşmesi için **64 milyarda** bir şans vardır!

Bir dolu yaprak

Koalaların büyük bir iştahı vardır ve bir günde **1 kilogram** okaliptüs yaprağı yiyebilirler!

KARGALAR BİR YÜZÜ ASLA UNUTMAZ

Bir karganın hiçbir koşulda canını sıkmamayı misyon edin. Kendi içsel yüz tanıma sistemleri sayesinde, bu son derece zeki kuşlar seni kara listeye yazacaktır.

Kargalar çok karmaşık bulmacaları çözme yeteneğine sahiptir. Bu bulmacalar karganın ödül alabilmesi için bazen belirli bir sırayla çözülmesi gereken birden fazla parça içerir.

Donanımlı biri

Kargalar aletleri bile kullanabilir, hatta bazen birden fazla aleti bir araya getirip amaçlarına ulaşırlar. Bu zeki kuşların ağaçlardan dalları kopardığı, kabuğu ve yaprakları çıkardığı ve ardından bir kanca oluşturduğu gözlemlenmiştir. Bu kanca, yiyecek bulmak için dar alanları kurcalamalarını sağlar.

VE KİN GÜDER

Sadece seni tanımakla kalmayacak, aynı zamanda muhteşem hafızaları sayesinde seni bir **5 yıl** daha hatırlayabilecekler. Kin tutmak bir yana, bu kargalar tüm arkadaşlarına senden bahsedeceklerdir!

Mutlu mesut insanlar

Kargalar, canlarını sıkan herkese kin besledikleri gibi, onlara iyi davranan herhangi birini de hatırlayabilir. Onları düzenli olarak yiyecekle ödüllendiren insanlara parlak nesneleri hediye olarak getirmeleriyle bilinirler. Ne iyi kalpliler ama!

Oyun zamanı

Birçok zeki hayvan gibi, kargaların da oyunbaz bir tarafları vardır. Hatta bir plastik kapağı tahta olarak kullanarak karla kaplı çatılarda snowboard yaparken bile görülmüşlerdir!

İNEKLERİN KANKALARI VARDIR

Çayırda otlayan bir inek sürüsünün görüntüsü sıklıkla dinginlik ve sakinlik vericidir. Hep birden barış içinde durup otlayan ve geviş getiren inekler; tam da bu görüntü, ineklerin basit bir hayat yaşadığını ve zihinlerinde pek bir şeyin dönmediğini düşünmemize neden olur. Ama gerçek bambaşka... İnekler aslında çok sosyal hayvanlardır ve birbirlerine karşı derin duygular besleme yetisine sahiptir. Hatta kankaları bile vardır!

Aşırı stresli

Bir inek en iyi arkadaşından ayrılacak olursa bu, strese girmesine ve kalp atışlarının hızlanmasına neden olur. Eğer bu ayrılık çok uzun sürerse, ineğin süt üretimini etkileyebilir! Arkadaşıyla tekrar bir araya geldiğinde, ineğin kalp atışları yavaşlar ve süt üretimi normale döner. Mutlu inek, mutlu yaşam!

1,5 MİLYAR

Günümüzde dünya üzerindeki ineklerin sayısı.

Bana sevgini göster

Kendilerine özel isimler verilen ve yeterince sevgi gösterilen ineklerin, bu sevginin karşılığını artan süt üretimiyle verdiklerini biliyor muydun?

KOALA

Bu düzen seven keseliler her gün **20** ila **22 saat** arasında başlarını yere koyar.

TEMBEL HAYVAN

Bu ağır hareket eden ağaç sakinleri her gün en az kırk defa kestirir ve toplamda **20 saat** uyur.

BAZI HAYVANLAR HAYATLARININ BÜYÜK BİR KISMINI UYKUDA GEÇİRİR

KAHVERENGİ YARASA

Bu fare kulaklı mikro yarasalar neredeyse tüm günü baş aşağı uyuyarak geçirir. Hatta bazen **20 saate** kadar.

DEV ARMADİLLO

Bu ağır zırhlı hayvanlar, yorgun başlarını her gün yaklaşık **18 saat** boyunca dinlendirir.

İnsanlar her gün yaklaşık **sekiz saat** uyuma eğilimindedir, yani yaşamlarının **üçte birini** uykuda geçirir. Bu kulağa oldukça fazla gelebilir ancak hayatlarının çoğunu bilinçsiz geçiren bazı hayvanlarla karşılaştırıldığında hiçbir şey!

VOMBATLAR KÜP ŞEKLİNDE DIŞKILAR

Vombatlar küp şeklinde dışkı üreten bildiğimiz tek hayvandır. Küp kaka! Küçük tuğla evler inşa etmek için değil, bölgelerini belirlemek ve diğer vombatlarla iletişim kurmak için gittikleri her yere bu çok kuru ve küçük kaka küplerini bırakırlar.

İçgüdüsel kakalar

Bu küp kakaların nedeni, vombatların akıllara durgunluk veren **dokuz metre** uzunluğundaki düzensiz şekilli bağırsaklarında yatar! Kocamandır, hatta bir insanınkinden çok daha büyüktür ve vombatın küçük boyutunu düşündüğünde kulağa çok çılgınca gelir. Yemek vombatın uzun kursağından geçerken, bu oluklu bağırsaklar onu küp kakalar halinde şekillendirir.

6

Bir vombatın yemeğini sindirmesi için gerekli gün sayısı.

Tam gaz

Yemek yemedikleri veya kaka yapmadıkları zaman vombatlar etrafta paytak paytak yürümeyi sever. Ancak tehdit edildiklerinde gerçekten ellerini çabuk tutabilirler. Vombatlar **saatte 40 kilometreye** ulaşabilen bir hızda depar atabilir ve **90 saniyede** bu hıza çıkabilir!

100

Bir vombatın günlük dışkılayabildiği küp sayısı.

Kakanın dibine vurmak

2,5 milyon yıl önce, Avustralya'daki vombatlar biraz farklı görünürdü. Bir gergedan büyüklüğünde olabilirlerdi! **Diprotodon** isimli bu mega vombat, şaşırtıcıdır ki **2.700 kilogramlık** bir ağırlığa ve burundan kuyruğuna **4 metrelik** bir uzunluğa sahipti. Kaka küplerinin ne kadar büyük olduğunu bir hayal et!

DENİZKAPLUMBAĞALARI ÇOK AMA ÇOK UZUN ZAMANDIR ETRAFTADIR

Dinozorların ve denizkaplumbağalarının zamanında yan yana yaşadıklarını düşünmek allak bullak edicidir. Denizkaplumbağaları bugün hâlâ dünya okyanuslarında mutlu mesut yüzer. Yani bu inanılmaz yaratıklar dinozorlardan daha uzun yaşamayı başarmıştır. Yok artık!

Armut dibine düşer

Fosiller, kaplumbağaların ilk kez **110 milyon yıl önce** yüzmeye başladığını gösteriyor. Bu yüzen kaplumbağalar yaklaşık **230 milyon yıl önce** yaşamış kara ve tatlı su kaplumbağalarından türedi. Bu, kaplumbağaların diğer tüm dört ayaklı hayvanlardan daha eski bir fosil tarihi olduğunu gösterir.

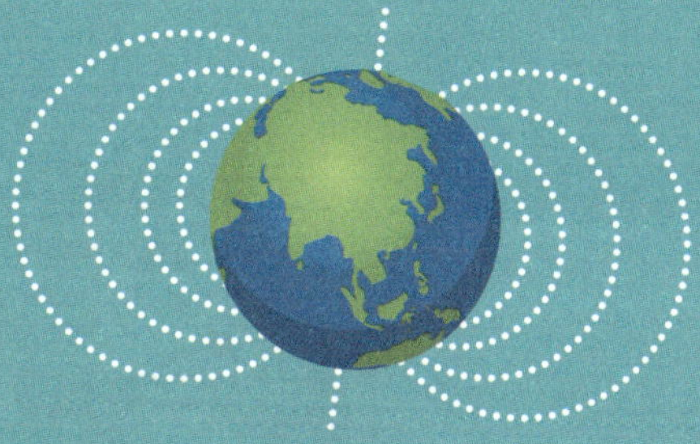

Manyetik çekim

Denizkaplumbağalarının beyinlerinin içinde bir pusula vardır. Okyanus boyunca uçsuz bucaksız mesafeler kat ederken Dünya'nın manyetik alanını kullanma konusunda inanılmaz bir yeteneğe sahiptirler. Bazen yılda **16.000 kilometre** yol alırlar.

En ön sıradan

Kaplumbağalar nispeten az evrimsel değişikliğe uğrasa da çarpıcı değişikliklere tanık olmuştur. Kuşların tüylü dinozorlardan evrimi ve ilk memelilerin fillere, balinalara, yarasalara ve hatta insanlara dönüşmesi de buna dâhil! Kaplumbağalar evrim gösterisinde her daim en ön sırada yer almıştır!

100

Denizkaplumbağalarının yaşayabildikleri yaş sayısı. Bu rakam aynı zamanda her yuva yaptıklarında yumurtladıkları yumurtanın ortalama miktarıdır.

MATE

MATİK

MATEMATİK HEM İCAT EDİLDİ HEM KEŞFEDİLDİ

Matematik sıklıkla **bilimin dili** olarak adlandırılır. Matematik sayesinde fevkalade ve değişken evrenimizi isabetli bir şekilde tanımlayabiliriz. Sayılar etrafımızdakileri anlamlı kılar ancak net olmayan, matematiğin kökenidir. Biz insanların matematiği, tıpkı aletleri icat ettiğimiz gibi icat edip etmediğimiz bugün bile bir sır. Belki de matematik her zaman orada, doğada bir yerde bulunmayı ve açılmayı bekleyen gizemli bir hazine sandığıydı...

Temeller

Matematiğin insanlar tarafından keşfedildiğine inananlar, aynı zamanda onun her şeyin temeli olduğuna ve tüm evrenimizi destekleyen yapıtaşı olduğuna inanır! Bu insanlar matematiğin doğaya özgü olduğunu ve yarın evrenimiz aniden ortadan kaybolsa da matematiğin yine de var olacağını düşünür. Matematiği keşfederek, etrafımızdaki fiziksel dünyayı anlamaya başlayabildik.

Hepsini uydurmak

Matematiği insanların icat ettiğine inananlar, matematiğin fiziksel dünyayı tanımlamaya bu kadar uygun olmasının tek nedeninin matematiği bunu yapmak için tasarlamamız olduğunu iddia ediyor! Bu insanlar matematiğin doğrudan aklımızdan çıktığını ve onu medeniyetler boyunca sadece amaçlarımız doğrultusunda uydurduğumuzu savunuyor. Onlara göre, eğer evrenin sonu gelseydi, ortada matematik diye bir şey kalmazdı. Tıpkı futbol, ragbi, kart oyunları ya da insanların kurallarını belirlediği diğer her şey gibi.

ŞEKİL BULMACALARINI ÇÖZMEK, MATEMATİK BECERİLERİNİ GELİŞTİREBİLİR

Şekil bulmacalarını çözmeyi seviyorsan, bunun bir matematik testinde puanını artırabileceğini duymak ilgini çekebilir! Bir aritmetik testinden önceki **40 dakikada** şekil yerleştirme bulmacalarını çözen çocuklar, bu testte genellikle daha iyi sonuçlar elde etti.

Parçalarına ayırmak

Tangram 200 yıllık bir Çin bulmacasıdır. Bu yeniden düzenlemeye dayalı bulmaca, bir karenin **tans** adı verilen **yedi geometrik şekle** kesilmesiyle oluşturulmuştur. Yedi şekil şunlardır:

2 büyük dik üçgen
1 orta boy dik üçgen
2 küçük dik üçgen
1 küçük kare
1 paralelkenar

Bu şekiller doğru bir şekilde dizildiğinde birbirine geçer ve bir büyük kare, dikdörtgen veya üçgen oluşturur.

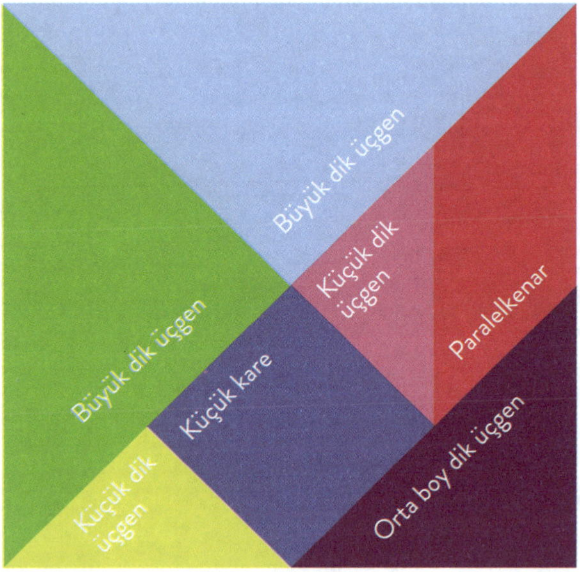

Şekle gir

Şekiller oluşturmanın yanı sıra tangramlar, aşağıdakiler gibi bazı harika görünüşler oluşturmak için birçok farklı biçimde düzenlenebilir:

Sence yanımdaki şekli tek seferde iki özdeş parçaya bölecek bir çizgi çekebilir misin? Kulağa imkânsız gibi gelebilir ama işte sana bir ipucu: Bu şekil, iki özdeş şekilden yapılma. Büyük şekli ikiye bölmeyi dene! Cevap benim ekranımda.

DAİMA BÜYÜK BOY PİZZA SİPARİŞ ET

Guruldayan bir mideyle pizza menüsüne baktığında, aç karnın sana bir büyük boy pizza yerine iki orta boy pizza sipariş etmeni söyleyebilir. Ancak matematik bize bir büyük boy pizzanın aslında iki orta boy pizzadan daha büyük olduğunu söyler. Bu şekilde tabağında daha fazla pizza olur (ve genellikle daha ekonomiktir)!

Büyük boy pizzanın çapı yaklaşık **45 cm**'dir.

Büyük boy pizzanın yarıçapı neredeyse **22,5 cm** eder.

Bir pizzanın toplam alanını hesaplamak için şu formülü uygularız: **π x yarıçap^2**

π x 22,5^2

Tüm bu bilgilere göre büyük boy pizzanın toplam alanı **1.590 cm^2**'dir.

Pi denen şu sayı

π, Pi olarak adlandırılan sayının sembolüdür ve bir dairenin **çevresinin** (daire etrafındaki uzunluk) **çapına** (dairenin bir tarafından karşıt tarafına olan mesafe) oranını temsil eder. Pi sonsuza dek devam eder ancak yaklaşık olarak şuna eşittir: **3,14159265358979323846...** Bu sayı sonsuz olduğu için genellikle **3,14** olarak kısaltılır.

Orta boy pizzanın çapı **30 cm**, yarıçapıysa **15 cm**'dir.

Büyük boy pizza için uyguladığımız formül gibi, pizzanın toplam alanını hesaplamak için π **x 15**^{2} işlemini kullandığımızı biliyoruz.

Orta boy pizzanın toplam alanı **707 cm^2**'dir.

İki orta boy pizzanın toplam alanı **1.414 cm^2**'dir; yani büyük boy pizzadan **176 cm** *daha küçüktür*.

Yani eğer açsan daima büyük boy pizza sipariş et!

SAYILARIN ÖRÜNTÜLERİ DOĞADA GİZLİDİR

Matematikçi **Fibonacci**'nin doğada var olan bir sayı dizilimi keşfettiğini biliyor muydun? Sıralama şu şekildedir: **0, 1, 1, 2, 3, 5, 8, 13, 21, 34, 55, 89, 144** ve bu sonsuza kadar gider. Dizilimdeki her yeni sayı, önceki iki sayının toplamıdır. Bunlar **Fibonacci sayıları** veya **Fibonacci dizilimi** olarak bilinirler. Sayılar arasındaki oran (**1.618034**) sıklıkla **altın oran** veya **altın sayı** olarak adlandırılır.

Oranların değerleri karşılaştırdığını biliyor muydun? Bize bir şeyin diğerine kıyasla ne kadar olduğunu anlatırlar.

Doğanın çağrısı

Doğa Fibonacci dizilimiyle doludur. Ayçiçeklerinde ve kozalaklarda gördüğün sarmal örüntülerin tamamında bu dizilim ve altın oran vardır. Ananas ve karnabaharlarda olduğu gibi. Dizilim, bitkilerin yapraklarını düzenleme biçiminde kendini gösterir; yaprakları maksimum ışığa maruz kalacak şekilde bir örüntü benimserler. Tıpkı çiçeklerin, maksimum tohum dizilişi için Fibonacci'yi kullanması gibi.

Vücut sayısı

Sadece bitkiler bu örüntüleri sergilemez; biz insanların vücut parçalarının çoğu **1**, **2**, **3** ve **5** numaralarını takip eder. Bir burnumuz, iki gözümüz, her bir uzvumuz için üçer bölüm ve her elimizde beş parmağımız vardır.

Spiral yuvarlak

Altın oran, sarmal kabuklarda kendini gösterir. Bu çizimde, kabuğun büyüme alanları kareler halinde haritalanmıştır. Eğer en küçük iki kare, bir karenin genişliği ve yüksekliğindeyse, sollarındaki kutunun ölçüsü ikidir. Diğer kutuların ölçüleriyse 3, 5, 8 ve 13'tür.

TÜM BU NOKTALARI SADECE DÖRT ÇİZGİYLE BİRLEŞTİREBİLİR MİSİN?

Dokuz noktanın tamamını sadece **dört düz çizgiyle** birleştirip birleştiremeyeceğine bir bak bakalım. Tüm noktalar tek seferde birleştirilmeli ve bunu yaparken elini kâğıttan hiç kaldırmamalısın. BÖVAS'ın cevabı aşağıda!

FRAKTALLAR SONSUZLUĞA UZANIR

Sonsuz (yani sonu olmayan ve sonsuza dek devam eden) bir şeyi kafamızda canlandırmaya çalışmak inanılmaz derecede zordur. Bunun hakkında düşünmek bile beynini yakabilir! Sonsuzluğun boyutunu gözlemlemenin bir harika yolu da **fraktallardır**. Fraktal, kendini farklı ölçeklerde tekrarlayan, hiç bitmeyen bir örüntüdür. **Özbenzeşlik** olarak bilinir. Fraktallar fevkalade karmaşık görünse de sadece basit bir işlemi tekrarlayarak yapılır.

Yakınlaş, yakınlaş, yakınlaş

Matematiksel fraktallar, basit bir denklemi binlerce kez hesaplayarak üretilir. Ardından ortaya çıkan cevaplar başa dönerek desteklenir. Bu fraktallar sonsuz derecede karmaşıktır ve sonsuza dek fraktala yakınlaşmamıza imkân tanır.

Sonsuz üçgen

Bir başka matematiksel fraktal ise, adını matematikçi Wacław Sierpiński'den alan **Sierpiński üçgenidir**. Bu bir **özbenzeş fraktaldır**. Eşit kenarlara sahip bir üçgenden meydana gelir. Tekrar eden bir örüntüde içinden daha küçük, eşkenarlı üçgenler çıkarılır.

Sonsuza dek

Sonsuzluk aslında bir sayı değil, bir fikirdir. Sonsuzluk, sonu olmayan bir şeydir ve ölçülemez. Şaşırtıcı olan şu ki matematikte farklı sonsuzluk boyutlarının yanı sıra farklı sonsuzluk türleri de vardır. Yok artık!

UZAYLILARI BULMAK İÇİN BİR DENKLEM VARDIR

Bir dereceye kadar kesin

$$S = O \times k_g \times s_{\text{ç}}$$

Samanyolu Galaksisi'ndeki teknolojik olarak gelişmiş uygarlıkların sayısı.

Galaksideki yıldızların oluşum oranı.

Gezegen sistemlerine sahip bu yıldızların kesri.

Güneş Sist[e] başına, yaşa[...] uygun çevr[...] sahip gezeg[...] sayısı.

1961'de şaşırtıcı bir matematiksel formül öne sürüldü. Bu formül, hesaplandığı takdirde, Samanyolu Galaksisi'nde iletişime geçilebilir uzaylı uygarlıkların sayısını öngörebilir! Bu formül, gökbilimci **Frank Drake** tarafından geliştirildi ve **Drake Denklemi** olarak biliniyor.

Samanyolu Galaksisi'nin devasa boyutu ve içindeki yüz milyarlarca Güneş Sistemi düşünüldüğünde, evrende yalnız olmadığımız fikri şüphe götürmez. Tabii eğer uzaylılar gerçekten oradaysa. İşte Frank Drake, onlardan kaç tane olabileceğini hesaplamaya başlamak için inanılmaz

derecede dahice bir yöntem geliştirdi. Bilim insanları Drake Denklemi'nin, çok fazla bilinmeyen unsur içerdiğinden, üzerinde çalışılması zor bir formül olduğunu söylüyor. Ancak denklemin gerçek öneminin onu çözmekte değil, ilk etapta üzerine düşünmekte olduğu konusunda hemfikirler.

Son derece belirsiz →

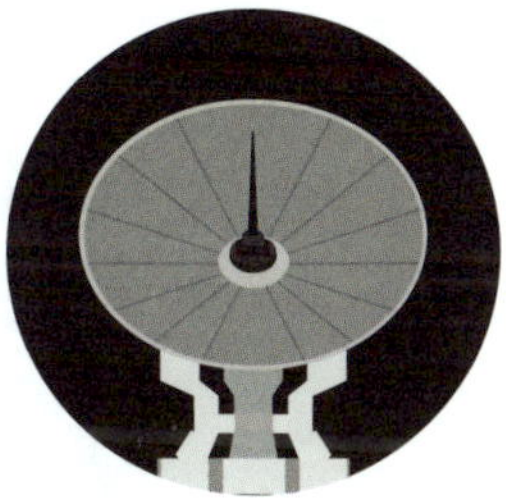

$$k_y \times k_z \times k_u \times S$$

k_y: Üzerinde bilfiil yaşam görülen elverişli gezegenlerin kesri.

k_z: Üzerinde zeki yaşam formlarının belirdiği, yaşam görülen gezegenlerin kesri.

k_u: Varoluşlarının algılanabilir işaretlerini uzaya ileten bir teknoloji geliştiren uygarlıkların kesri.

S: Bu tür uygarlıkların, varlıklarının algılanabilir işaretlerini uzaya bıraktıkları belirli süre.

BU DİZİLİMDE SIRADAKİ SAYI NEDİR?

SIRA SENDE!

Sayı dizilimi söz konusu olduğunda, herhangi bir sayının bir diğerine bölünüp bölünmediğini kontrol etmek, bu tarz bulmacaları çözmek adına iyi bir ipucudur. Eğer bölünüyorlarsa, bir örüntü olduğunu görebilirsin. Bol şans!

Cevap: **840.** Dizilimdeki her yeni sayı, sütununa karşılık gelen sayının kendisinden önceki sayıyla çarpılması sonucunda bulunur.

BİR DESTE KARTI KAR
TAMI TAMINA BU KAR
TARİHİNDE DAHA ÖNC

Bir destede **52 oyun kartı** vardır. Bu sayının tek başına abartılacak bir tarafı yok. Ancak bu desteyi karıştırdıktan sonra bu 52 kartı sırayla önüne açarsan, bu sayı seni *fazlasıyla* şaşırtabilir! Kartları yeniden karıştırdığın ve önüne açtığın her seferde, daha önce hiç görülmemiş bir kombinasyon yaratırsın!

Çok sayıda seçenek var

Bunun arkasındaki matematiğe bakarsan, 52 kartlık bir deste şu şekilde sıralanabilir:

51 x **51** x **50** x **49** x ... x **3** x **2** x **1**.

Bunu kelimelerle ifade etmek gerekirse, birinci kartı seçmenin **52** yolu, ikinciyi seçmenin **51** yolu, üçüncüyü seçmenin **50** yolu vardır ve bu böyle devam eder.
Bu sonucun sıralanma olasılıklarının sayısı:

**80.658.175.170.943.878.571.660.6
36.856.403.766.975.289.505.440
883.277.824.000.000.000.000**

Eğer gülünç derecede büyük sayılar başını ağrıtıyorsa, **8 x 10^{67}** de diyebiliriz.

TIRDIĞINDA, BİL Kİ
DÜZENİ EVRENİN
HİÇ GÖRÜLMEMİŞTİR

Yıldızları görmek

Olası sıraların sayısı büyük. Astronomikten daha büyük. Öyle büyük ki kozmik olmanın ötesine bile geçer! Aslında, evrendeki tüm yıldızların toplam sayısından daha büyüktür!

Hayatta bir kez

Bu kozmik ötesi olasılıklar sayısını göz önüne aldığında, rastgele karıştırmayla dizilen herhangi bir kart sırasının muhtemelen daha önce hiç belirmemesi güvenli bir bahistir. Üstelik hayatın boyunca bir daha asla aynı şekilde belirmeyecektir!

Evrensel gerçek

Bu olasılıklar sayısı o kadar büyüktür ki herhangi biri evrenin başlangıcından (**14 milyar yıl öncesi**) beri saniyede bir, bir desteyi karıştırsaydı, desteyi **10^{18}** kez bile karıştıramazdı.

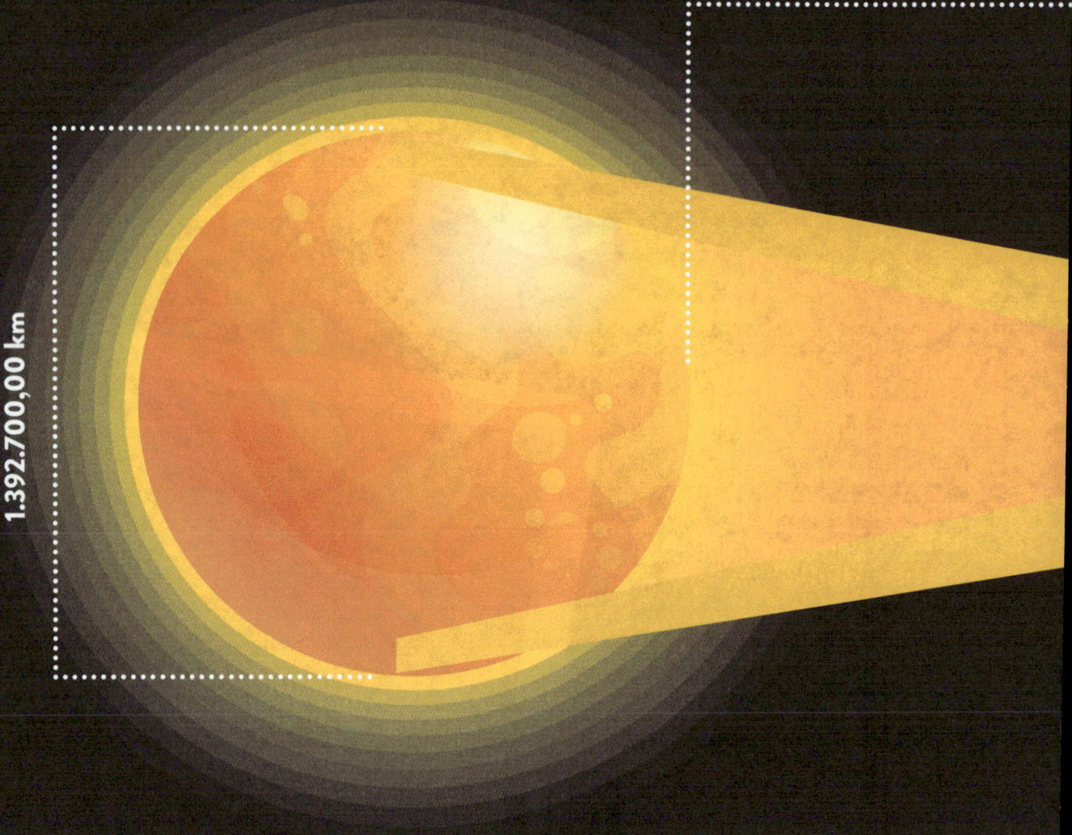

TAM GÜNEŞ TUTULMALARI ŞANSLI MATEMATİK SAYESİNDEDİR

Ay, Güneş ile Dünya arasından yavaşça geçtiğinde güneş tutulması meydana gelir. Tutulma, sıcaklığın düşmesine ve gün ortasında havanın kararmasına neden olan garip bir andır. Bu epik bir görüntüdür ve bunun gerçekleşmesine imkân tanıyan, aynı derecede olağanüstü bir sayısal tesadüf vardır. Üstelik tüm bunlar **400** sayısıyla alakalıdır.

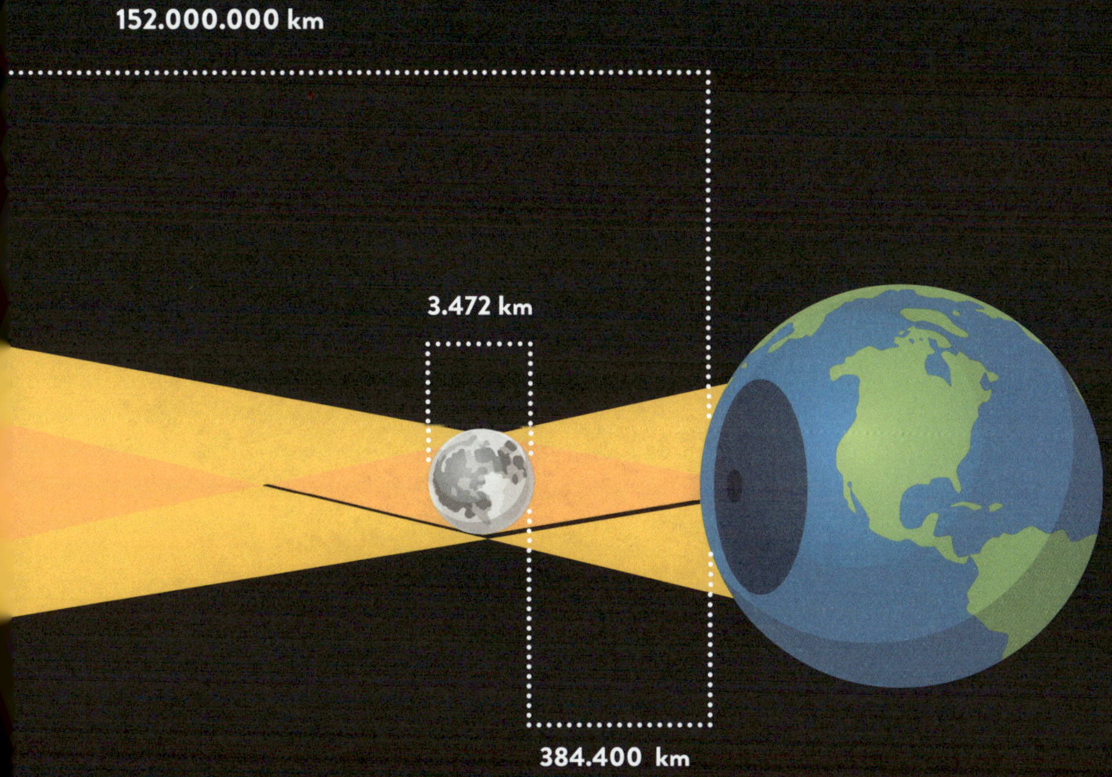

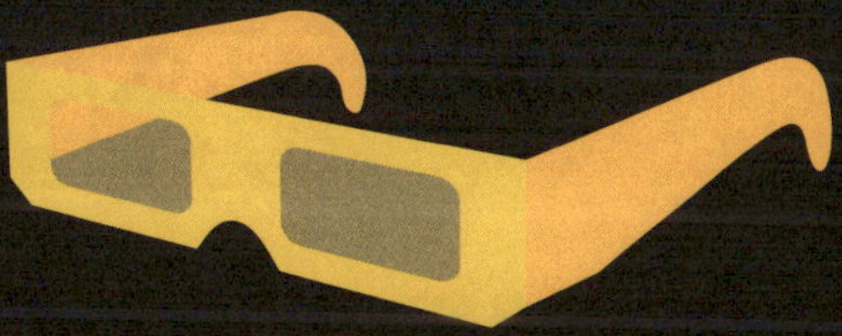

Güneş'in çapı, Ay'ın çapından yaklaşık **400 kat daha büyüktür**. Ancak harika bir kozmik tesadüf eseri, Güneş Dünya'ya Ay'dan yaklaşık **400 kat daha uzaktadır**. Nesneler ne kadar uzak olurlarsa o kadar küçük göründüklerinden, buradan aşağıdan, Dünya üzerinden bakıldığında Güneş ve Ay aşağı yukarı aynı boyutta görünür. Harika!

Gözlerinin feri sönmek

Bir güneş tutulmasının tüm aşamalarını görecek kadar şanslıysan, özel tutulma gözlüğü taktığından emin ol. Bu gözlük, Güneş'e bakarken maruz kalabileceğin olası UV hasarından retinanı koruyan, mukavva çerçeveyle çevrili siyah filtrelere sahiptir. Evet, tutulma esnasında bile gözlükle!

SIRA SENDE!

BURADA KAÇ ÜÇGEN GÖREBİLİYORSUN?

Yukarıdaki renkli altıgen şekil bir dizi üçgenden oluşuyor. İyiyce yakından bak. Hepsini görebiliyor musun? BÖVAS'ın cevabı yan sayfada.

Ama sakın kopya çekeyim deme! Üçgenleri saymana yardımcı olması için bir kalem ve kâğıt al, ardından onları gördüğün gibi çiz!

Toplam üçgen sayısı: 35

TRİLYON

BİR MİLYON, BİR MİLYAR VE BİR TRİLYON BOYUT OLARAK BİRBİRLERİNDEN ÇOK FARKLIDIR

İnsanlar büyük sayıları gruplama eğilimindedir. Belki benzedikleri için, belki de kafiyeli oldukları için. Büyük sayıların gruplar halinde bir araya geldiğini düşünmek, özellikle **milyon, milyar** ve **trilyon** söz konusu olduğunda, gerçeğin kendisinden çok da uzak olmazdı. Eğer emin değilsen, bir **milyar bin milyondur (1.000.000.000)** ve **bir trilyon bin milyardır (1.000.000.000.000)**.

MİLYAR

MİLYON

Çabucak zengin olmak

Şu açıdan bak: Yaşadığın her saniye bir dolar kazanabilseydin, iki haftadan biraz daha kısa bir sürede altın bezli bir bebek **milyoner** olurdun. Erken milyonerlik zirvene ulaştıktan sonra, **milyarder** statüsünü kazanmak için **31 yaşına** dek beklerdin. Ama ne yazık ki bir **trilyoner** olma hayallerin asla gerçekleşmezdi. Çünkü bu servet düzeyine ulaşmak, şok edicidir ki **32.000 yılını** alırdı.

Ateş pahası

Bir de şu açıdan bak: Bebek servetini alıp teorik milyonlarını net bir dolarlık kâğıt paralara çevirdiysen, milyon dolarlık desten bir sandalye yüksekliğinde olurdu. Milyar dolarlık yığınının çok daha etkileyici olması, bir kilometre boyunca gökyüzüne süzülmesi, dünyanın şu anki en uzun binası olan Burç Halife'den bile daha yüksek olması hiç şaşırtıcı değil!

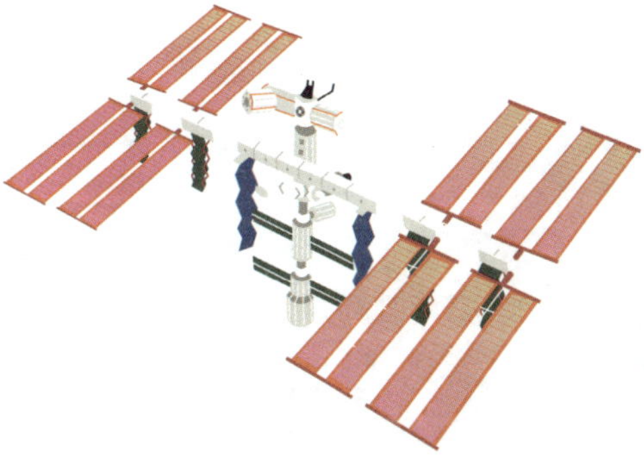

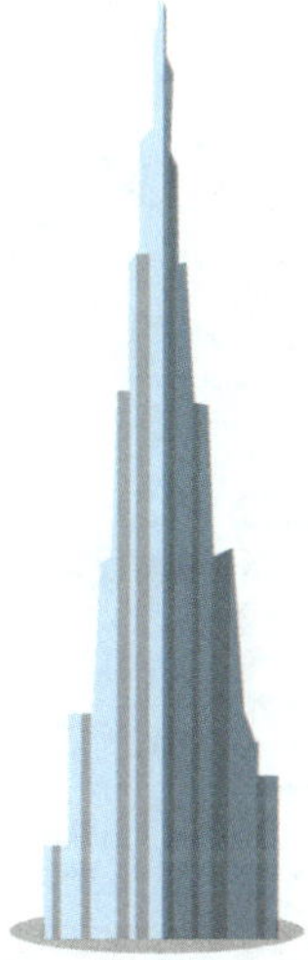

Evden ayrılmak

Ama daha da etkileyici olanı, ulaşılamaz trilyon dolarlık yığının olacaktır. Bu birikirken, Kármán Çizgisi'ni (uzayın başladığı rakım) geçerek **1.000 kilometreye** kadar uzanıp Dünya sınırlarını terk edecektir. Uluslararası Uzay İstasyonu'nu (UUİ) geçecek ve bu mesafenin Dünya'dan iki buçuk katı olana dek devam edecektir!

YÜZDELERİ HESAPLAMAK

Matematik çoğu zaman yanıltıcı olabilir. Yüzdeleri belirlemek gibi en temel hesaplamalardan kimisi bile oldukça zor olabilir, özellikle de bunları kafadan çözmeye çalışıyorsan. Ancak yüzdeleri hesaplamanın, muhtemelen okulda sana öğretilmemiş, şaşırtıcı derecede basit bir çözümü var. Dahası, bu bir ezber bozan. Peki nedir bu gizli formül?

Y'NİN %X = X'İN %Y'Sİ

Örneğin, **75**'in **%20**'sini kafandan hesaplamaya çalışman gerekiyorsa, tüm yapman gereken onu ters çevirip **20**'nin **%75**'ini hesaplamaktır ki bu çok daha kolaydır. Cevap **15** eder.

Bu süper kolay numara, herhangi bir sayı kümesinde doğru sonuç verir. **50**'nin **%28**'i beyin yakıcı gibi görünebilir, peki ya **28**'in **%50**'si? Elbette **14** eder!

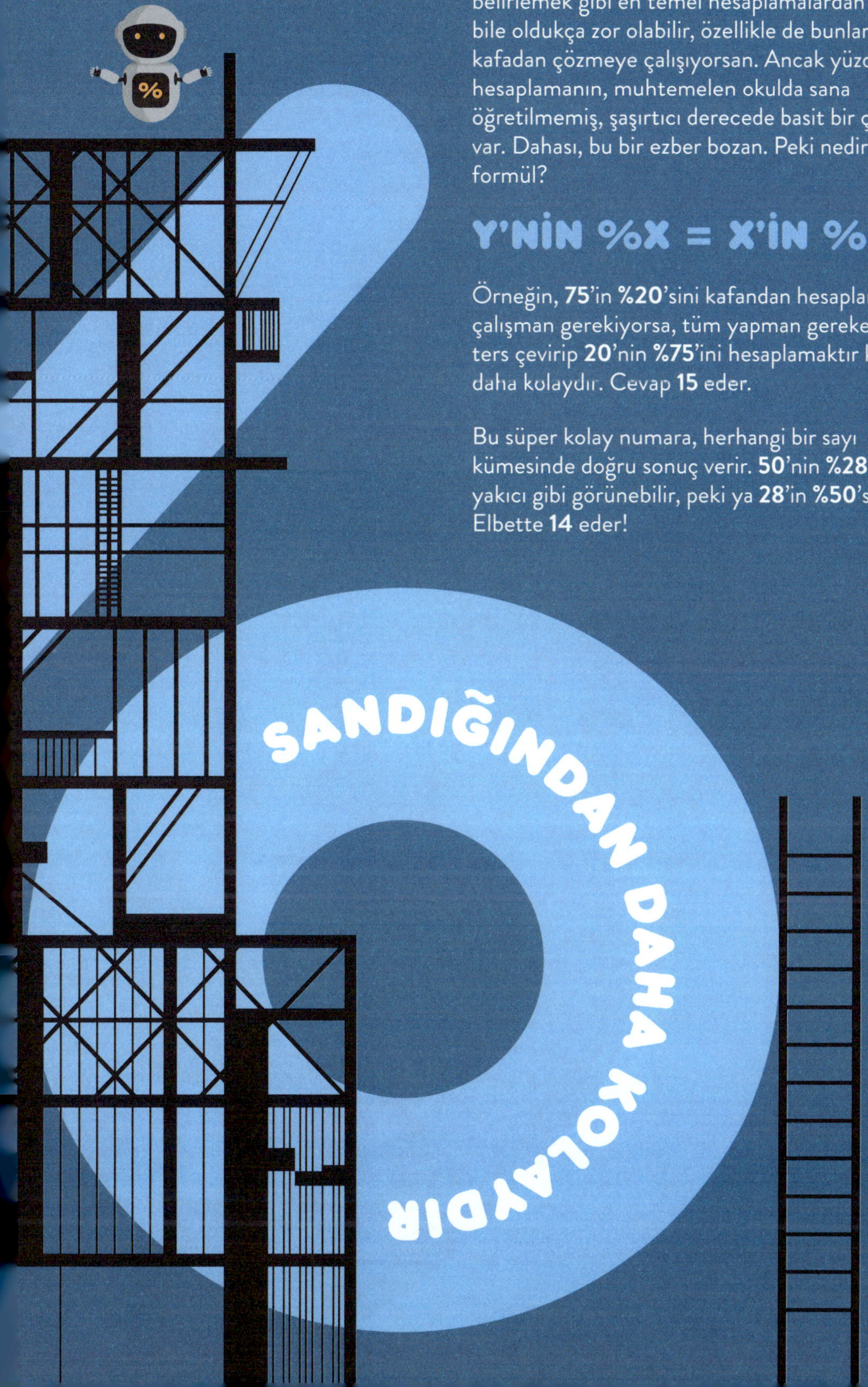

EKSİK SAYI NEDİR?

Buradaki renkli dairede yedi sayı var. Sekizinci sayıyı tahmin edebilir misin?

Cevap: **20.**
Birbiriyle karşılıklı olan sayıların toplamı **24** olmalıdır.

İMKÂNSIZ MERDİVEN

İlk bakışta yukarıdaki basamaklar herhangi bir merdiven gibi görünse de merdivenleri takip ettiğinde, tüm yapının imkânsız olduğunu anlayacaksın! Bu merdivenleri kullanmaya cesaret eden herhangi bir kişi, sonsuza kadar merdiven çıkar ya da iner! Bu çizim, bir **imkânsız nesne** örneğidir ve İsveçli grafik sanatçısı Oscar Reutersvärd tarafından tasarlanmıştır.

Üst kat alt kat

Bir başka imkânsız nesne de matematikçi Lionel Penrose ve oğlu Roger tarafından yaratılan **Penrose Merdiveni**'dir. Hollandalı grafik sanatçısı M.C. Escher'dan esinlenmişlerdir.

Yanılgıya düşmek

Aklımızı daha da eğip bükmek üzere Penrose'lar ayrıca **imkânsız üçgeni** yarattı. Bu, bir başka akıl bükücü matematiksel nesnedir. Perspektif çizimde temsil edilebilen bir optik yanılsama yaratır ancak gerçek dünyada bir katı cisim olarak asla var olamaz.

AĞUSTOSBÖCEKLERİ ASAL SAYILARI KULLANIR

Asal sayı, diğer tam sayıların çarpılmasıyla elde edilemeyen, **1**'den büyük bir tam sayıdır. Örneğin, 5 bir asal sayıdır. **2**, **7**, **11**, **13**, **53** ve **71** gibi. Bu matematiksel nitelik, kulağa çok da benzersiz gelmeyebilir ama asal sayılar oldukça özeldir. Özellikle ağustosböcekleri için!

Yeraltına girmek

Bir yaz gecesinde yatakta uzanıp ağustosböceklerinin kakofonik gürültüsü yüzünden uyuyamadıysan, muhtemelen bu uçan böceklerin hayranı değilsindir. Tuhaf bir yaşam döngüleri vardır: Günlerinin çoğunu yeraltında geçirirler ve nihayet ortaya çıktıklarında, şakalaşacak zamanları yoktur. Çabucak bir eş bulur, çoğalır ve ölürler.

7, 13, 17

Yıllık ağustosböcekleri her yıl ortaya çıkar ancak dönemsel ağustosböcekleri çok daha uzun süre yeraltında kalır. **7, 13** ve hatta **17** yıllık aralıklarla belirirler ki bunların hepsi asal sayılardır!

Senkronize olmak

Ağustosböceklerinin belirdiği bu stratejik açıdan düzensiz boşlukların bir başka faydası da yırtıcıların, kendi üreme döngüleriyle senkronize olmalarını engellemesidir. 3 yıllık yaşam döngüsüne sahip bir yırtıcı, 17 yıllık dönemsel ağustos böcekleriyle sadece **51** yılda bir karşılaşır.

Avantaj sağlamak

Ağustosböceklerinin asal sayıları kullanması bir tesadüf olabilir mi? Uzun süreliğine böyle olduğunu düşündük. Ama şimdi görünen o ki bu böcek matematikçiler onca zamandır asal sayıları kendi çıkarları için kullanıyor. Üstelik hesap makinesinin yardımı olmadan!

Yemek savaşı

Örneğin, **13 yıllık yaşam döngüsüne** sahip ağustosböcekleri ile **17 yıllık yaşam döngüsüne** sahip olanlar neredeyse hiç karşılaşmazlar. Her iki ağustosböceği türü bir araya geldiğinde, yani her **221 yılda** bir, sayılar çok büyük olacaktır. Bu nedenle, aynı yemek için nadiren rekabet etmek zorunda kalırlar.

BAZI SAYILAR EVRENDEN DAHA BÜYÜKTÜR

Evrenin muazzamlığını anlatmak için çok büyük sayılar kullanmalıyız. Neredeyse **14 milyar yıllık** ve **93 milyar ışık yılı** genişliğindedir. Ama aslında evrenin kendisinden daha büyük olan bazı sayılar vardır. Çok daha büyük. Esasında, o kadar büyüklerdir ki evrende onları yazmaya yetecek kadar yer yoktur!

SIRA SENDE!
Bir googol yazabilir misin? Acele etme ve o sıfırları sayarken dikkatli ol.

Googol

Kulağa çok popüler bir arama motorunun adı gibi gelmesinin yanı sıra (aslında bir googol'den yola çıkarak yanlış adlandırılmıştır) bir **googol**, ardından **100 sıfır** veya **10^{100}**'ün geldiği bir sayıdır. Bir googol'ü gözlemlenebilir evrendeki atom sayısıyla kıyaslarsan, googol besbelli çok daha fazladır.

Yukarı ve atom

Atomlar, evrendeki her bir şeyin yapıtaşlarıdır: yıldızların, gezegenlerin, kuyrukluyıldızların ve asteroitlerin bile. Bilim insanları, gözlemlenebilir evrendeki toplam atom sayısının **10^{82}**'yi bulduğunu hesapladı. Bu, **birin** ardından gelen **82 sıfır** demektir!

Googolplex

Bir googol büyüktür ancak bir **googleplex** daha büyüktür. **10^{googol}** şeklinde yazılır. Öyle kocamandır ki evrenin barındırabileceğinden çok daha büyüktür! Bir googolplex yazmak için kelimenin tam anlamıyla evrende yeterli alan veya zaman yoktur. Saniyede iki sıfır yazsan bile, bir googolplex yazmayı bitirmek evrenin olduğu yaştan çok ama çok daha fazla zaman alır!

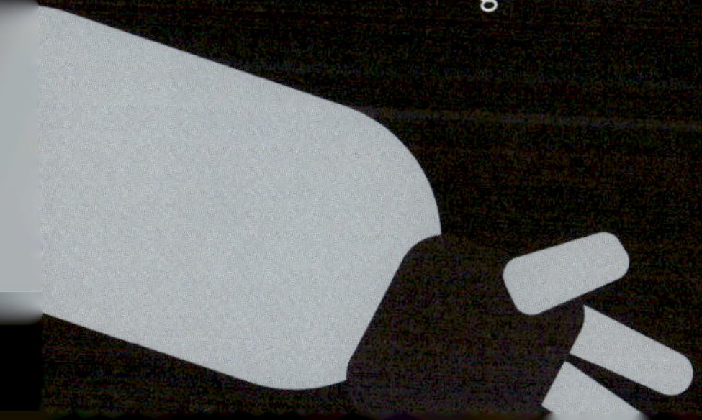

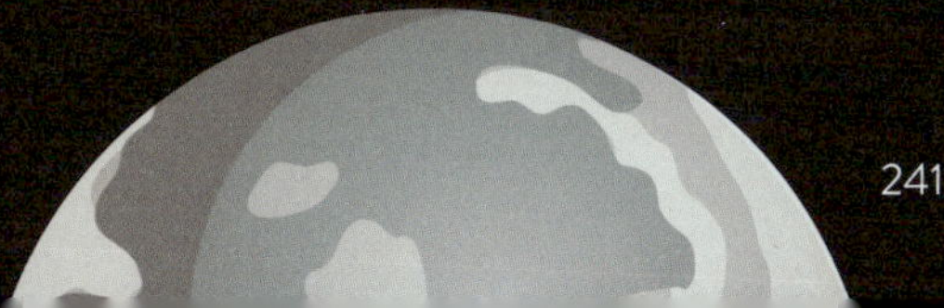

Bu kitap hoşuna gitti mi? Birbirinden harika yeni bilgiler ve sayılar beyninde hop hop hopluyor mu? Okuduklarının tamamını anlayamadıysan hiç endişelenme. Öğrenmenin güzel yanı da bu; bazen öğrendiklerini sindirmen zaman alır ama buna daima değer!

İçinde yaşadığımız evren hakkında her zaman öğrenecek yeni şeyler var; bu yüzden gözlerini ve kulaklarını açık tut! Yeni ve harika bir şey keşfettiğinde, bunu bir başkasıyla paylaştığından emin ol!

Şimdilik hoşça kal.

Yazar hakkında

Dan Marshall, henüz gençken çizime başlamış bir tasarımcı, illüstratör ve yazardır. Bir yetişkin olarak şimdi bundan para kazanması onu hâlâ şaşkına çevirmektedir. Sidney Operası, Avustralya Müzesi ve Facebook için grafik tasarımlar yaratmıştır.

Dan'in ilk kitabı *Mind Blown* grafik tasarım tutkusundan, görsel iletişim yetisinden ve inanılmaz garip bir yer olan evrenimize karşı duyduğu derin meraktan doğmuştur. Dan'in ikinci kitabı *Look Book* 2021'de yayımlanmıştır ve sıfır-üç yaşındaki okurlara hitap etmektedir. *Yok Artık!* üçüncü kitabıdır.